校长领导力

PRINCIPAL LEADERSHIP

JUNYOU EDUCATION
均优教育

均优教育研究院 编

上海教育出版社
SHANGHAI EDUCATIONAL PUBLISHING HOUSE

图书在版编目(CIP)数据

校长领导力 / 均优教育研究院编. -- 上海：上海教育出版社，2020.8

ISBN 978-7-5720-0294-6

Ⅰ. ①校… Ⅱ. ①均… Ⅲ. ①校长—学校管理 Ⅳ. ①G471.2

中国版本图书馆 CIP 数据核字(2020)第 162770 号

责任编辑　庄晓明
封面设计　问对教育

校长领导力
均优教育研究院　编

出版发行　上海教育出版社有限公司
官　　网　www.seph.com.cn
地　　址　上海市永福路 123 号
邮　　编　200031
印　　刷　常熟市华顺印刷有限公司
开　　本　710×1000　1/16　印张　7
字　　数　70 千字
版　　次　2020 年 9 月第 1 版
印　　次　2020 年 9 月第 1 次印刷
书　　号　ISBN 978-7-5720-0294-6/G·0220
定　　价　36.00 元

如发现质量问题，读者可向本社调换　电话：021-64377165

为学校进化加速

陈长河

没有学校的进化，就谈不上教育的革新。教育的变革之力，只有在校园里得到验证，方才有效。我一直关注学校生态和学校里的生命状态，近年来走访了数百所学校进行观察和比较。不同地区间的学校，物理上的差异确实很大，豪华版学校的一个科技馆，可以抵得上简朴版学校的整体造价，甚至一座楼的物业费会超过很多学校的办学经费。

但是令人忧虑的还不止于此，更在于现代建筑里面，多是平庸的管理：一是以管控和束缚为特征的行政化，在“学校”这个理应专业化程度很高的知识型组织中被强化，无法分权赋能，无法解放师生，使一批学校看不到成长；二是成绩成为不少学校的第一目标，不惜以牺牲学生健康为代价，通过延长学习时间和加重课业负担获得分数，导致很多学生得不到应有的成长。造成学校如此异化的原因很多，其中一个直接原因是不少学校长期有意识或无意识地在“选优”，通过“丛林法则”般的竞争，筛选出一批“人才”。这是对个体生命的严重扭曲和对教育价值的严重误导。“每一个人都是天才，但如果你用爬树的能力来断定一条金鱼的才干，他此生都会认为自己是愚蠢不堪的(爱因斯坦语)。”

不要做让金鱼爬树的事，相信每个孩子都优秀，这是我们提倡均优教育的初心。

这里有三个原则需要信守：一是有教无类，无论学生的家境、性别、民族、健康、分数有什么区别，学校都能一视同仁，让每个孩子都能内心安然地享受成长。二是人人成才，“人”既要成为教育的对象，更要成为教育的目的。学校要为“每一个”孩子的个性发展服务；教育要为“每一个”孩子的终身发展奠基。三是适性扬才，尊重学生的个性差异，创造条件满足学生多元智能发展的需求。本书中杨东平老师《均优教育的价值》一文对此进行了详细的阐述。

与其坐而论道，不如起而行之。为此我们创办均优教育，自我期许为“学校进化加速器”，以整体运营学校为切入点，实践均优的理想，希望能为学校改进和教育生态优化尽一份绵薄之力。我们从学校组织变革和教学改革两方面着手。学校治理方面，我们认为应以师生需求为导向，建立“以学生为中心”的新型组织结构，组织中的每一个细胞(年级、部门或项目)都为学生成长赋能。在此过程中，校长必须发挥组织领导力，共享愿景，激励教师，推动变革。本书中《校长领导力的本质》《校长的新命题：如何管理一个超长期目标?》《激励每一个人》《薄弱学校改进之路：合伙人制》《如何让你的学校从优秀到卓越》等文章，阐述了校长领导力和学校治理方式转变对于学校发展的积极影响。

在教育教学方面，需要变革“教”与“学”的关系。首先，要明确学生是学习的主体。教师是课程与学习的设计者、指导者、促进者和评估者，为学生全面而有个性的发展，提供多样化、可选择的课程体系和学习方案。其次，教学应追求“理解”。摒弃题海战术、死记硬背，提倡迁移运用、整合创新，让学习对学生的终身发展产生意义。再次，改变评价方式。不再用一把尺子衡量所有学生，不再用爬树能力评价金鱼；多一把尺子，就能多一种“优秀”的可能；多一把尺子，就能让更多孩子熠熠闪光。

我们重拾教育的初心和价值，把教育的目的定义为多元共生而不是恶性竞争，引导学生追求长期的成长而不仅仅是当下的成绩，引导教师做学生成长路上的导师而不是流水线上的工人；让学生在校园里能自由地呼吸，在自然与社会中能保有恒久的好奇和勇气。本书中《静水深流——学校变革中的变与不变》《当我们在说高效课堂时，它到底指向什么?》《理想课堂——师生精神成长的地方》《PBL 是最好的教与学方式吗?》等文章围绕教与学变革的方式进行了很好的探讨。从“选优”到“均优”，不仅要从价值观上更新，更要从方法论上转型；前者是一所学校精神高度的尺码，后者是一个校长领导能力的标杆。我们邀请教育界及管理界诸多专家、校长撰文，分享他们对于管理与领导的专业见解与宝贵经验。出版此书，希望不仅是从价值观、也从方法论的角度，为广大校长提供借鉴，帮助更多的学校加速进化。

在本文的编辑过程中，得到了各位作者的大力支持。赵小莉博士完成了本书大部分编辑工作，在此一并予以感谢。

（本文作者陈长河，为均优教育创办人）

目录
CONTENTS

1 卷 首

均优教育的价值 …………………………………… 杨东平(001)

2 管 理

校长领导力的本质 ………………………………… 杜绍基(005)
校长的新命题：如何管理一个超长期目标？ ……… 沈祖芸(014)
激励每一个人 ……………………………………… 王昌胜(022)
案例：谁来拍板做决定？ ………………………… 孔 薇(030)
薄弱学校改进之路：合伙人制 …………………… 万 恒(033)

3 故 事

静水深流——学校变革中的变与不变 ……………… 秦建云(044)

4 教 学

当我们在说高效课堂时，它到底指向什么？ ……… 韩 冬(054)

理想课堂——师生精神成长的地方 …………………… 杜静卉(073)
PBL 是最好的教与学方式吗？ ………………………… 徐 莉(078)

5 研 究

海外学校管理机构崛起 ………………………………… 赵小莉(084)

6 书 评

如何让你的学校从优秀到卓越？ …………………… 朱永新(092)

7 专 栏

善待孩子的神游 ……………………………………… 张冬青(102)

均优教育的价值

杨东平 / 国家教育咨询委员会委员　21 世纪教育研究院理事长　北京理工大学教授

均优作为一种教育理念，体现的首先是教育公平的价值。这在我国的教育话语中是比较陌生的。多年来，我们习惯的是另外一个体系、另外一种价值，是培优、创优、选优，是分数和排名，是争“状元”，夺第一，将办学变为争夺优秀生源的竞争，将教育蜕化为“育分不育人”的考试和分数的竞争。

站在社会公益和学生的立场，均优并不反对优秀，而是反对“掐尖”，主张在学校之间均衡优质生源。这也得到教育理论和实证研究的支持：将优秀学生分散在不同学校而非集中在一所学校，对他们的发展更为有利。因为后者必然形成一个新的“宝塔”，许多学生成为边缘或底座。而他们在普通学校则是“领军人物”，不仅可保持自身的优势，还可以激发和带动更多的学生。因而，“均优”重视的是教育公益性、普惠性的价值，这在基础教育更为重要，因为中小学教育是面向所有儿童的基础性、保障性的教育，而不是面向少数优秀学生的选拔性、竞争性教育。

在学校教育层面，遵循办好每一所学校的理念，“均优”的主张是“有教无类，适性扬才”。有教无类的原理，不仅基于每一个人的平等权利，也基于每一个人个性发展的可能。在多元智能理论的视野中，在逻辑思维和语言智能之外，还有艺术的、空间的、肢体运作、人际关系、内省和自然探索等不同的智能，都可以各呈其美，各擅其长。“均优”在教学过程中，表现为对学生个体差异、学习快慢的接纳和包容，体现为对学生因材施教、扬其所长，更重视学生综合素养、基本能力的养成。已经有一系列的研究表明，学生在校的考试成绩对未来社会成就的作用有限，更为重要的是毅力、合作性、时间管理等非认知能力的深刻影响。这提示我们，好的学校教育要重视儿童的综合素养和个性发展，“不求第一求唯一”，帮助每一个学生按照自己的禀赋、天性和节奏去自我成长、自我实现。

依据这样的理念，我们可以归纳整理出在学校生活中，均优教育的一些价值和准则。

基本价值

以学生为中心，为每一个学生的健康成长和终身幸福奠基。

容纳和平等对待每一个学生，不因为学生性别、个性、学习成绩、家庭背景的差异而歧视排斥，促进学生积极参与校园生活，满足学生的不同需求。

教育目标

重视学生的道德和综合素养。合作比竞争更重要，学生要学会团结、合作、互相欣赏、友爱和感恩。

学校不是批量生产“优秀”学生的工厂，而是帮助每个学生充分发展、自我实现的沃土。

重视阅读，培养学生的多种兴趣和特长，激发学生的好奇心和想象力，促进学生的个性发展。

完全人格，首在体育。让学生在多样化的体育活动中展现特长，发现自我，并将运动作为一种生活方式。

学校管理

学校是一个和谐、民主、开放、充满活力的社区，为学生提供安全、文明、有心理支持和保护的学习环境。

学校应当建成绿色、节约资源、无污染、可持续的“环境友好型”校园，与自然和谐相处。

教师和教学

教师是学校最宝贵的资源，要尊重每一位教师，促进教师的自主性和创造性，使教师建立职业幸福感，并拥有广阔的职业发展前景。

教师要为人师表，教书育人，尊重和关爱学生。

从教学到教育的关键，是从“以教为主”转变为学生“以学为主”，促进学生的自主学习。重视各种非正式学习和社会化学习，养成学生在开放社会中终身学习的能力和习惯。

学生

学生是学校的中心，一切资源应围绕学生的学习和发展，让学生易于获得和使用。

学生在学校中学会自强、自立、自治，学习自我管理和民主管理。

学校—家庭—社区

学校、家庭和社区形成互相支持、互相促进的学习共同体，从而将学校与社会、教育和生活连成一片。学校向家长和社区开放，鼓励家长、社区和社会力量参与学生活动和学校管理。学校应重视家庭教育和社区教育，积极地利用社会资源，开拓社会实践、研学和环境教育等多样化和个性化的学习渠道。

校长领导力的本质

杜绍基 / 北京师范大学中国教育创新研究院教育创新与校长领导力提升首席专家
北京彼得·德鲁克管理学院荣誉院长

一、有关领导力的误区

1. 误把头衔当领导力

我曾经在某大银行为40位行长讲授领导力课程，每位行长管理着数百至数千个员工，我问他们认为自己是领导吗？他们一脸尴尬，低头不语，直到有一位行长离开教室，众人才异口同声地说：刚才离开的那位是领导！

假如只有头衔最大的人才是领导，一般的管理者就不需要学习领导力了。领导不等同于上级；领导即leader，是指有领导能力，能正向影响别人共同实现组织使命和远景的人，与其身份、社会地位或头衔等都没有必然关系，这是领导力的本质。

2. 权力的困惑

与头衔相对应的是权力。许多人在当上校长之前都是优秀的教师，是教学的楷模，但却从未系统地学过管理。一旦当上了“领导”,便用权力壮胆瞎指挥。事实证明由头衔、职位赋予的权力在今日的世界已愈来愈不管用,特别是对年轻的“80后”“90后”教师们。他们本身家庭条件相对优越,拥有一定的学历,而知识本身就是力量(knowledge is power),也是一种无形的权力。他们能独立思考,很有主见,个性鲜明,有一定的人生路径选择权,职业上有更大的流动性。他们不喜欢被命令约束,只喜欢追随他们尊敬的上司,德鲁克称他们为“知识工作者”(knowledge worker),上级的权威和权力对他们逐渐失去作用。如何能有效地领导年轻教师,让他们教学时富有激情,乐意配合学校的任务,是今天对每位校长的挑战。

3. 无所不能的英雄

俗话说:强将手下无弱兵。真的是这样吗?现实生活中很多能力出众的领导,他们的手下却都是弱兵。因为每个下属在他们的眼中都不完美,经常遭受严厉批评,以至于有能力的下属或者辞职离开或者变成消极的旁观者。领导的身边留下一众平庸的拍马逢迎之辈。领导者只看到下属的问题,却不懂欣赏和鼓励,最终累垮的还是自己。术业有专攻,校长不一定也不需要是组织里最强的人,重要的是他们有服众的品质,强者愿意为他们所用。历史上的刘邦、刘备等,皆懂用人所长,因此手下猛将如云。聪明的领导者明白,下属的成功,才是组织和他们自己真正的成功。

4. 盲目模仿别人

许多校长还未掌握个人的领导方法,也没有建立起自己的领导风格，便试图模仿别人，或阅读某位“名校长”的管理方式，或参加一些讲座论坛，回到服务的学校便依样画葫芦，繁杂的规章制度、流程评估等一波接一波地狂轰滥炸，教师和下属们苦不堪言，但收效甚微。

模仿别人而失败的主要原因是领导方法缺乏系统性，缺乏适合推行政策的土壤——清晰的办学理念、文化、价值观、信任、默契、团队精神等。领导者的风格有多样性，没有一种风格能适合所有组织。

因此不要试图模仿别人，要做个真正的领导者（authentic leader），成为自己。领导力强调的是领导者的品格、视野、格局，创新能力和创造的高绩效，外表的华丽与言词不是决定性因素。领导风格要能因地制宜，按学校不同的发展阶段，不同的文化地域，不同的团队组成而有所调整。

5. 盲目追逐领导魅力

因为媒体和互联网的过度渲染，许多人对魅力型领导者趋之若鹜，甚至盲目追求魅力。魅力型领导者的好处是容易一呼百应，在组织内迅速达成共识，节省决策时间，但它的反面是组织成员盲目追随，对领导的决策不加思考地接受，进而影响决策的质量，更有甚者会让领导者自以为是，刚愎自用，听不进不同意见，最后害人害己。魅力本身是把双刃剑，它不容易复制，更不能传承。

许多大企业如苹果公司、通用电器等，在他们赫赫一时的领导离任后，都面临传承的严峻挑战，这种情况同样发生在许多“名校长”退休后的学校中。

二、重新认识我们的下属

我们的下属是谁?今天的80后、90后下属与上一代相比已大不相同了,你是否在用不一样的方法来有效领导他们?

德鲁克在20世纪50年代便预告未来的工人将会与工业革命时代的工人不一样,他们是“知识工人”或“知识工作者”。

德鲁克指出虽然人们对“胡萝卜”(物质)的需要仍然在增长,但“胡萝卜”作为激励和管理工具的效力越来越小,而“胡萝卜”之外的激励却愈发变得重要。另一方面,“大棒”的威胁力消失得更快,特别是对今天的年轻员工来说,罚款、记过、开除等都不是事,就算不能回家“啃老”,他们的专业知识和大学学历让他们能自由地在职场中流动,毕竟知识都装在他们的脑袋中。

要有效领导我们的年轻教师和员工,就需要重新认识知识工作者(新一代员工)的特点:

- 拥有生产资料(知识)和生产工具(使用知识的能力),因此他们可以随意自由流动,所谓“良禽择木而栖”;
- 具有专业知识,在某些领域他们甚至比他们的上级更专业。知识产生出权力,导致他们与上级和同事间的关系发生变化,管理者会感觉到权力的影响力在消退;
- 工作拥有更高的自主性,在工作范围内他们可以自己决定如何安排任务、流程、时间、地点等;
- 渴望超越物质的激励,物质虽然很重要,但非物质的激励,如清晰的组织使命和目标、承担新任务和责任、有挑战性的工作、公平公正的氛围、和谐合作的团队精神、值得尊敬的上级、被同事和上级认可、有学习进步机会等，已扮演着非常重要的角色；

● 关注做正确的事（do right things），不甘唯命是从，懂得问"为什么（why）要这样做？"而不是"如何（how）做？"；

● 关注成果，希望知道自己的工作带来什么成果，看到自己的贡献和价值，产生工作上的满足感和成就感。

我们的下属，即现在的知识工作者已经不能被管理，他们不喜欢被"管"，对于他们，管理者只能领导，上级必须是他们信服的人，他们希望被尊重和信任，被赋能和授权，能尝试有挑战性的工作，在民主透明的氛围下工作，能够看到自己的成长和成就。为了使下属取得成就，校长首先必须让教师员工承担起工作上的责任，这就要求：

● 设计富有效率的工作。具体分析各项工作的职责要求，合理设计，让教师员工能高效工作并创造佳绩。

● 让信息透明流通。让教师员工获得充分的信息能提升他们的工作效率，而截留部分信息会令他们无法正确无碍地做事。

● 信息反馈。让教师员工获得绩效的信息反馈，清楚自己的表现如何。

● 持续学习。无论教师员工经验丰富与否，都必须持续学习新知识。

新的领导方式并不意味着"放任自流"，相反，通过清晰沟通使命和目标，把责任交给每一位教师员工，让他们学习和实践目标管理和自我管理，追求绩效，对结果负责，让每个人都成为事业的主人，这样上下级关系就变为合作者关系，组织内高压和抗争的矛盾自然消退，校领导的压力变小。

三、校长卓越领导的特点

优秀的校长都会具有强烈的使命感，懂得知人善任，不甘平庸，积极引领学校变革，主动创新，为全体师生创造未来。

1. 确定清晰的办学理念

认真思考，然后清楚地界定并建立起来学校的办学理念（使命），这是每个校长的责任。

办学理念不是墙壁上的装饰品，更不是可有可无的抽象概念。办学理念是学校存在的目的、意义和价值，是学校做什么不做什么的依据，是战略之本源，是一个学校的灵魂。对于富有悠久历史的办学理念，校长需要因应时代和服务对象的变化而给予新的理解和演绎，必要时甚至做出修订。作为校长必须保证学校的每一个人，无论是教师、员工、学生或家长，都时刻牢记办学理念，铭记在心中，因此办学理念应当简单清晰，切实可行，每个字都有血有肉有故事，能指明方向，激动人心。

2. 激励并释放下属的长处

一个组织的目的是让平凡的人做出不平凡的事来。领导者不能只看到下属的短处，而只有发现下属的长处才能帮助组织和领导者自己成功。校长必须明白自己不是要做一个单打独斗的英雄，而是要激励团队实现学校的办学理念。激励是指通过满足员工的个人需求，使他们非常情愿地尽最大努力去实现学校的目标。激励的第一要素不是物质给予，而是要避免负激励。挫伤下属的积极性很容易，例如允许“职场政治”、官僚主义，容忍低绩效员工虚耗资源，对工作目标和要求不明确，内部信息不透明，处事不公平，消极回应建议，妄加批评，让人才感到被忽视，甚至要下属经常开低效的会议等，这样就算领导者在其他方面做补救，施些小恩小惠，也是徒劳无功的。让下属工作目标清晰、有一个愉快的工作氛围、得到团队支持、在工作中有学习和成长的机会、能学以致用、展现自己的能力和价值、获得满足感和成就感，他们的潜能自然会被释放出来。

3. 引领变革

许多校长对变革有误解，经常拒绝或逃避改变，但这是毫无意义的，因为变化是真正的常态。德鲁克说：“我们无法左右变化，只能走在变化之前。”每个人都要学会正面拥抱变化，不要贪恋过去的成功，让历史成为明天的包袱。领导者不能为变革而变革，因为管理是一个整体系统，需要遵从四条变革原则：

- 有组织地放弃

每位校长都要定期对学校内的每一块体系、每一套课程、每一个教学模式、每一项年度活动等进行考核分析，决定哪些事情已经落伍没有发展前景，哪些事情重复着做但却低效和毫无意义（例如昔日一些昂贵但已过时的学习系统和科技设备），哪些事情消耗着宝贵的人力资源但却事倍功半，领导者需要勇敢果断地主动放弃，把宝贵的资源投入到更有价值和希望的事情上。

- 有组织地改进

要想有组织地改进，首先需要界定绩效是哪些因素构成的？质量的要求是什么？如何有组织地提升绩效？通过在各方面持续不断地改进，组织最终可以转变工作方式。这些转变将带来新的做法和机会，而持续不断地改进最终会带来根本性的变革！

- 挖掘成功经验

每个组织在日常工作中都会出现意外的成功，而这些意外的成功通常都是悄悄地发生，需要有意识地去挖掘意外成功所带来的机会。一个简单有效的方法，就是让下属在周报或月报上增加一项“惊喜栏”，列出日常留意到的任何变化和机会，或因创新带来的意外收获，通过分享和肯定，培养出团队的创新意识和氛围。有的老师留意到许多学生家长的教育水平比过去高很多，因而让家长参与组织一些校园活动，不仅效果出众，而且也增进了家校之间的沟通和理解。

- 系统化发现创新机会

有组织有系统的创新机会可以从学校内部和学校外部寻找，学校内部产生的机会包括四点：不拒绝意料之外的成功或意料之外的失败；现状与“理应如此”之间的差异；基于程序需要的创新；产业结构或市场结构的变化。学校以外的创新机会包括三点：人口变化数据；认知、意义及情绪上的变化；新知识的出现。

4. 主动创新

创新是应对变化和改变学校发展轨迹最有效的手段，创新不是指天才、聪明创意、高新科技，也不是专属于领导层和创新部门的工作。创新的定义是“为服务对象创造新的价值”。创新是一种精神，是整个组织的责任，这种精神要贯彻于整所学校每一位教师、员工的血液内，产生全员的“企业家精神”。创新系统除了上述的创新机会之窗外，还可以透过“创新思维模式”来思考创新路径：哪些已经或正在发生的变化与“习以为常”的事情是不吻合的？哪些是具有根本性的范式变化？有什么证据表明这种变化不是一时的流行？这一变化产生了什么结果？对学校有什么意义？为学校提供了什么机会？创新与风险是同时并存的，但是如果学校通过挖掘已经发生的事件进行创新，那么这种创新的风险就比墨守成规，被新浪潮推着走，甚或被推倒的风险要小得多，当然也比盲目创新要强。

5. 创造未来

创造未来的眼光和视角，把领导者和一般管理者清晰区分开来。德鲁克说“未来已经发生”，要发现已经发生的未来，主要是要看到其趋势，顺势而为，然后提出新构想去创造未来，洞察变化，抓住机遇。校长需要“创造未来而不是预测未来”，因为创造未来的风险比预测要小，要准确预测未来是不可能的，这超越了人类的能力，唯一能肯定的是未来必然与今天不同。我们应该做的，是运用一些系统性的思维方法，详细分析当下，观察趋势变化，大胆构想，小心验证，按照我们所相信的，以勇敢和信心努力创造未来。这样创造未来的方式，要比预测的方式保险得多。努力创造未来的目的，不是要决定明天应该做些什么事情，而是要决定今天应该做些什么事情，才能拥有明天。创造未来并不意味着管理者要完全消除风险和不确定性，这两项限制性因素永远都会存在，管理者所能做的，就是努力去发现可能出现的风险，以勇气去面对和解决，承担应有的责任。

领导者必须拥有诚实正直的品格，以德服人，才能赢得下属的信任与追随，这是一条古今中外不变的金科玉律。管理所追求的终极目标，应是帮助人性回归至善，各尽其职，为人类社会做出贡献。

校长的新命题：如何管理一个超长期目标？

沈祖芸 / 中国新学校研究会副会长　教育能见度创始人　上海新优质学校研究所副所长

作为教育记者，我曾经每年走访100多所学校，常常被努力改变薄弱学校面貌的校长和老师们感动。然而，时间一长又会困惑于一个问题：似乎比改变薄弱学校面貌更难的是如何让学校拥有持续优质的能力。不少校长在走过"一鼓作气"改变薄弱面貌的开局后开始日趋稳定，殊不知这样的稳定才是更大风险的先兆。

为什么改变薄弱学校的"创业"难，但持续优质的"守业"更难呢？

仔细想来，这其中蕴含着一个新视角：校长该如何管理一个超长期目标？

超长期目标并不是短期目标的累积，而短期目标恰恰是超长期目标的分解。

超长期目标之所以足够大或足够远，因为影响着很多人的人生，一旦形成负面影响就无法补救，而且往往在短时期之内并不一定“有利可图”。

学校教育，恰恰就需要校长拥有管理超长期目标的能力。

站在超长期目标下抵挡“速效诱惑”

运用超长期目标思维来看当下我们的努力，我们就可以理性地去抵抗那些看起来很美的“速效诱惑”，这里我梳理了几个很容易产生诱惑的速效行为反思点：

潜在误区 1：把可见的成功与校长的作用过度捆绑

如果不是一开始就确立超长期目标，并通过持续性分享目标和价值观的方式去磨合，那么教师们很容易进入对短期目标的自我界定——“这个校长是带领我们改变薄弱面貌的”。一般而言，人性的弱点就是宁愿待在熟知的环境里，也不愿进行变革。当薄弱学校的状况已经影响到组织成员自身的安全和生存需要时，他们内心期待一个新校长带领变革的意愿会让其暂时收敛起不情愿变革的意愿。因此，在一个新的、充满热情的校长引领下，薄弱学校的面貌在一天天改变。对新校长这恰恰是一个危险的信号。因为在组织成员的心目中短期目标已完成，此时他们即将开启对持续变革的抗拒模式。

潜在误区 2：把行动当作结果

领导者有时候很容易把“正在做的事情”与战略发展重点混为一谈，其本质就混淆了手段和目的。一旦这样，行动就被置于中心地位，同时真正想要实现的目标势必遭到忽视。

我曾在很多学校看到校长为教师们争取到了很多课题资源，教师们的确每天在做课题，在行动，但课题结束的那天，却发现离为什么要做这个课题的意义已经很远了。如果学校仅仅用一份计划清单来罗列变革项目的话，那么通过努力实现的任何变化或许都是短暂的。

潜在误区 3：把计划、讨论、阅读与思考当作成就

很多时候，我在不少学校发现了另一种变革景象：学校喜欢把老师们聚在一起进行研讨，并把研讨本身作为惯例；校园里到处都设计了读书空间、正式或非正式组织，甚至休息日也在无休止的头脑风暴；但是在讨论中想法越多最终越难以实施。于是，校长只能将集体研究问题、各种非正式组织的活动状态作为变革成就。如果我们错把对新教育理念的追求及涌现当作学校变革的核心，就很容易失去真正的时机，时间一长，组织成员的信心与意愿会在无形中衰减。

潜在误区 4：把少数人的成果当作共同的成功

近年来，社会上不太推崇类似杜郎口、杨思等标签化的课堂教学模式。为什么？很重要的一个原因就是，人们渐渐发现这只是学校中少数教师的成功模式。学校变革一旦变异为推广一种示范性模式，让其他老师照着模式也变成同一个样子的话，变革一定不可持久。换句话说，学校的变革是希望实现发现并唤醒学生潜能的育人目标，也就是让每一个不一样的孩子能成为他自己。倘若向每一位教师推广同一套成功模版，这显然是偏离学校变革轨道的。

超长期目标需要我们怎样的思维路径

管理超长期目标与管理短期目标是截然不同的两件事。校长每天都需要做出大量基本决策：如何配置资源、如何激发教师的内在动力、如何提升学校的影响力、如何平衡学生学业发展与个性成长、在那么多创新项目中什么才是最有价值的、如何制定公平公正且可以实现的原则程序……

面对这些问题，只专注短期目标与关注超长期目标的校长所做出的决策会完全不同。关注于超长期目标往往具有以下三个优点：

优点 1：对于决策的长远考虑始终聚焦于核心的组织问题与原则之上，即使是必须做出当机立断决策的时候。

比如，只专注短期目标的校长在面对资源分配的时候往往优先考虑一部分先行变革的教师或者怕引起不公平而干脆采取平均分配。但是一个关注超长期目标的校长则会确立一条重要原则，资源应该配置在离学生学习与成长最近的地方，哪些教师、哪些空间离学生最近，就应该得到最丰沛的资源。

像北京十一学校一分校的制度建设就是围绕这条原则而展开的，有了育人这个超长期目标的引领，学校不适应的部分就需要调整组织结构，让愿景真正发力。

优点 2：可以设计出符合学校自身特点的组织和创新机制，它不只是课程计划、教学方案，而是始终以学生的学习与成长为目标。

只专注短期目标的校长非常善于发现问题和解决问题，但拥有超长期目标的校长则开始学习如何与问题和平相处，他们往往不急着掐灭问题的火星，而是用超长期目标对问题进行分类。

当学校的超长期目标是为了促进学生的学习与成长时，那么这些随时冒出来的问题就可以分类放置：① 成长中的问题，不需要掐灭，只需要暴露和引导，学生就可以随着成长而得以反思、感悟；② 个别人的问题，要防止“一人感冒全体吃药”，只需要个别的介入方案；③ 系统中的问题，不要急于解决，而要系统思考是否可以通过机制改良或目标进阶让这些过程中的问题被自然带走，同时也让学校向长远目标推进了。

一位校长只有站在机制层面去思考组织问题，才可能让组织中的每一个人都有自己发展、发挥的舞台和空间。而确定哪些机制需要改进的辨识器就是那个超长期目标。

优点3：可以提供一种连贯的、一致性的文化建构方式，这种方式使得学校文化层面的深度变革能够始终围绕着那些最终影响学校成功的要素来展开。

我们常说一所学校的可持续优质能力就看形成了怎样的学校文化，也有很多教育家型校长提倡学校文化的股份制，要形成人人有参与、人人有贡献的学校文化。但是，人人有份的学校文化建设不是靠一次次小成功来沉淀的，恰恰是由一个共同期许的、持续分享的、经常适配的超长期目标来引领。只有每个组织中的成员都知道自己要去哪里，并用超长期目标来审视、评估、自省日常的教育教学行为，才能说学校形成了变革文化。

然而，我们通常的误区是以为文化是靠一次次成功沉淀的，是靠一次次小目标的实现积累的。恰恰相反，只有超长期目标的引领，领导者将超长期目标分解成一个个可及、可见的挂钩点，这样一次次的成功才既是接近目标的过程，也是沉淀文化的过程，从而确保了连贯性和一致性。

由此看来，管理一个超长期目标，作为校长可以从以下几个维度加以自问与思考：

- 怎样创建一种能够支持变革和不断具有适应机制的组织结构？
- 怎样通过提升领导力水平来理解决策？
- 如何慎重扎实却又锐意创新地进行战略选择？
- 如何在一致性文化构建中保持警觉？
- 是否把学校改进作为接近目标的一种手段而非目的？

|管理超长期目标的行动指南

一所学校的变革不能仰仗校长的权威，而应通过影响学校中行为、信念、人际关系及其他复杂因素的互动来进行，这些因素常常是不可预期的。因此，校长需要把目光聚焦在超长期目标上，才可能让组织成员有方向感。学校领导团队再设计一个个能够与超长期目标挂钩的短期目标和成功步点，这样组织成员既看得到那个“马拉松终点”，又能在接近终点的过程中达到一个个成功小站点，从而持续激发动力。

美国领导力大师麦克斯韦尔近期写了一篇题为《为什么变革需要领导力》的博客，说明了超长期目标对于变革领导力的意义。他提出如下要素，发人深省：

- 生成紧迫感
- 让正确的人上车
- 发展归属感
- 清晰且经常性地传递愿景
- 自然消除障碍物
- 庆祝一个个短期成功而不急于宣告胜利

当校长非常明确地确立起超长期目标的时候，无形中就在学校的环境与空间中生成了紧迫感，而不需要他每天开会，亲力亲为解决现实的问题；因为有一个共同目标引领，就能安全地让正确的人一起努力；在不断认同目标并将其嵌入自身规划的过程中，人们就有了归属感；经常性地清晰地传递愿景，就不断建立起人们心中的“确认感”，人们不会被“是不是又翻新花样”的想法弄得手足无措；对于那些并不认同目标的人，也可以在过程中选择其他的方向；当然最容易忽略的就是要不断体会成功的快感，但不急于宣告胜利。

作为校长，要始终对人性的弱点有所洞悉，其实，“教师们对被排斥在教育改革决策之外，却又需要他们参与改革中最为愤慨”，因此，校长要做的就是始终明确且不动摇超长期目标，这样才能在逐步认同与信任中，让教师们安全地投入到教育改革之中，而且能让不同岗位上的人都有参与改革的决策权，释放出每一个人的能量。

最后，如何管理超长期目标，我整理了一份建议清单，校长们可以对照着当前的变革实践进行一次小诊断，然后与团队成员一起在明确超长期目标的基础上再进一步深化改革成果：

- 向所有人强调变革是一个持续的过程，而非一个事件；
- 将所有人的目标聚焦在清晰明确的目标上，并付出耐心去经常性传递与评估；
- 开发具有适应性的、可自我评估的数据收集工具和目标脚手架；
- 形成衡量成功的辨识机制；
- 让更多的教职员工参与到变革议程的制定之中；
- 重新定义变革过程中的阻碍者和支持者，从需要层次和人性弱点角度去理解；
- 通过构建共同话语体系和培养组织的元认知能力来导向成功。

激励每一个人

王昌胜 / 宜都创新实验学校、郑州创新实验学校、郑中国际学校小学部校长

晓婧和艳丽是刚参加工作的两位新教师。三个月前，她们主动申请组建一个体育舞蹈社团。三个月后，这个新组建的社团居然走进了省电视台参加春晚选拔赛且被选中，获得四方赞誉，才引起学校老师们的关注。令我们感动的是，她们居然没让学校多操心：训练时间是利用每天早到校的时间，这就意味着社团成员比其他教师每天要早到 40 分钟；参演所需的车辆、服装都是社团自己想办法解决的；就连参演参赛时的队员管理，也没让学校费心。

看着两位老师利用课余时间，带着一帮兴趣盎然的孩子们忘我地投入训练，我陷入思考：作为校长，应该如何保护这样一批老师们的积极性呢？有哪些措施能激励老师们都走向自主发展呢？

管理大师约翰·科特说：管理很复杂，但也比较简单。无非就三件事情，第一是树立愿景，第二是建立团队，第三是激励每一个人。其中，“激励每一个人”是每天必须要做的，也是最重要的一点。

激励每一个人，是未来学校治理的核心。其实无论身处社会

还是学校,“人”都应该处于组织的核心位置。当下,学校教育中的创客教育、课程创新、教学方式变革等改革开展得风生水起,这些都指向事物客体属性的变革,却失去了对“人”的关注。学校教育中,关注人,才是目的。

治理结构:减少层级,建立模型

在学校的组织管理中,往往由于组织中过于严苛的层级区分,各种规章制度将“人”给淹没了,这势必会对教师的工作积极性造成影响。教育工作的终端由教师来进行,所以,激励教师也要从组织结构上作出改变。

曾经发生过这样一件事:有位老师要上一节“圆的认识”数学课,圆规坏了,于是就向学校申请购买圆规。当该教师向教研组长报备,组长逐步向上层申请,获得批准之后,圆规终于放到了老师的桌上,结果老师叹了一口气说:“这个内容我已经上过了。”这说明:学校的申报环节太过繁琐,缺乏效率。我们将此类学校的管理层级称为垂直型,如果中间有任何一个环节出纰漏,垂直型管理就宣告失败。由此可见,良好的结构对于学校的管理来说至关重要。

如何激励教师?治理结构同样能激励人。结构变了,功能就变了;流程不同,结果自然就不一样。这样自然而然会对人起到激励作用。

治理结构都应该有相应的操作模型。我们目前常用的有三种治理结构和操作模型:第一种是科层式(垂直),由校长—副校长—主任—组长—教师组成。它的优点是执行力较强，缺点是信息传递慢，决策滞后。第二种是扁平化（网状），横向模块组合，减少层级。比如将教导、政教合并为课程教学处，此类结构一定要建立网状的纵横交错的模型，纵向的一般具有行政色彩，而横向的一般是自组织，这样网状的结构有利于知识在组织内的流通，有利于将决策权放在信息最多的层级（图 1）。第三种是协同化治理（雁阵），它包括教师发展中心，学生发展中心，课程教学中心，资源服务中心，研究支持中心，质量促进中心等。几个中心相辅相成，相互促进，互利共生。理论上，各个中心在同一个平面上同时开展工作，且相互支撑，各位领导兼任中心主任，没有上下级和从属关系。各个中心也可以调动其他各个部门的资源协助，这时候就需要协作。三种模型，并不一定哪种更优，三种各有利弊，不同的学校不同的时期，可以选择不同的结构。（图 2）

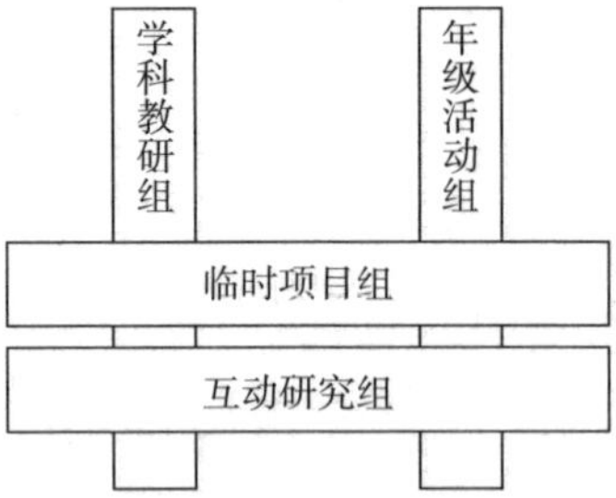

图 1　扁平化治理结构

协同化治理是比较理想的一种架构，具有自组织、自动化、自主性的特点，有利于学校形成学习与发展的共同体。与其他几种管理模式相比，协同化管理更利于学校培养更多的管理者，锻炼每个人的自主管理能力，从而达到激励每一个人的目的。

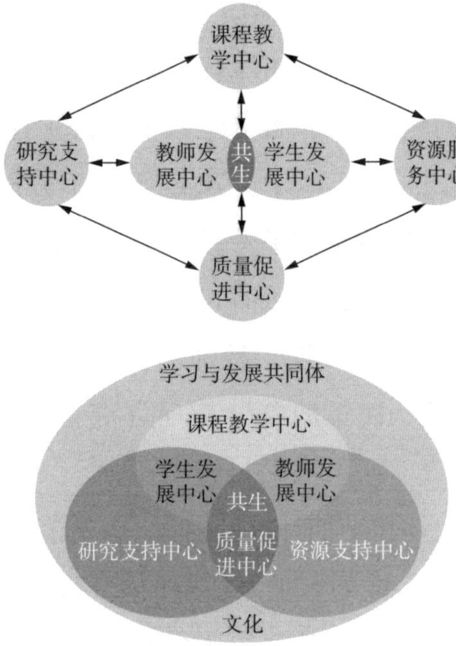

图 2　协同化治理结构

协同化管理与分布式管理是结合在一起的，重心下移，权力下放，比如我校在经费管理方面，按预算各部门都有各自的开支权。全校 120 多人，其中 32 人有直接开支权。为什么要将财务权力下放？因为人的自由度、自我决策权，是自我认同的重要来源，财务权力的下放可以让各部门的自我决策权得以实施，这样自我认同度也会提高。

行事流程：多一些自下而上

有一位教师在全体教师开会的时候，很激动地站起来说了这样一句话：我现在真的有点做事情的冲动了。原来，政教主任申请门禁系统升级，从刷卡变成感应系统，但学生收费也要增加，大家等着校长决策，校长决定开班主任会来决策。

在征求大家的意见之后，百分之八十的班主任不同意，百分之十的赞成，百分之十的中立，于是决定暂时不升级。教师们很诧异，这些由我们班主任就决定了？教师觉得受到了尊重，才会说自己“更有干劲了”。所以，做决策时，让掌握信息最多的层级参与决策，有利于提高教师的积极性。教师们会觉得这是“我们”共同讨论出来的，自己也成为决策的参与者，而不是由领导直接发布命令让“我们”执行。

我们做学校规划和学期计划的时候，也是请教师们讨论，然后定案的。这样将静态的文本变为动态的管理，这是管理方式的变革。通过这种变革，会提高教师的执行力，执行力往往来自对目标的清晰认知。学校通过对管理方式的变革，让教师参与决策过程，自下而上，商量着来，有利于厘清认识。流程上多一些自下而上，有利于教师转变观念，由“要我做”到“我应做”，达到认同度高，阻力小，教师执行力强的目的。

支持系统：尊重每位教师的需求

教师专业素养的提升，是学校发展的重要因素。好学校都会想方设法帮助教师成长，营造成长氛围，搭建成长平台，提供成长机会。但支持教师成长的前提，需要了解和尊重每位教师的真正需求，并给予支持。

学校有一位教师因为业务能力稍弱，由语文教师转为体育教师，但他看到学校对教师的培养力度之后，希望重新回到语文教师的岗位，这时学校跟他提出了要求：语文课需要创新。如果他想重返语文教师的岗位，必须有所突破。这位老师在学校的激励之下，一年之后，做出了全校闻名的阅读系统。

有一位教师专业是英语，但对语文教学尤其感兴趣，经常听语文教师的课，参加语文教研活动，而且还考了语文教师资格证，向学校申请教语文。果然，该教师在转到语文教学岗位之后，表现出了较强积极性和教学能力。

学校给教师提出要求的时候，也要尊重教师的个性发展，才能提高教师的积极性，从而提高学校的文化软实力。有的教师可能教学能力一般，但班主任工作得心应手；有的教师可能对班级管理不上心，但对学生心理辅导工作很热心；有的教师可能对事务性的工作很反感，但对课堂教学有自己的风格追求……针对不同需求的教师，学校要给予不同的发展支持。

学校青年教师可创立自助研究组，自主申报、组建团队，以专业引领教学；教师们通过分享与交流进行思想碰撞，开阔眼界，提高素养；部分教师还可创建个人工作室，最大限度地发挥个人的专长。这样做的目的是让教师体会“看得见的成长”，激发教师的“价值动机”。只有感觉到自己做事有意义，教师才会有更持久的动力。

文章开篇提到的两位年轻教师组建的体育舞蹈社团，正是我们鼓励教师们根据自己的特长申报产生的。有了这个样板，会进一步鼓励更多有特长的教师组建社团，果然又冒出一批音乐、美术社团。社团里的孩子们也是自愿申报的，成长非常快，与教师们建立了非常紧密的师生关系。参加社团的孩子们身上发生了明显的变化，这种变化不仅表现在社团活动里，在其他学习活动中也很明显，这些孩子得到了教师们的赞誉。社团教师也因为孩子们的变化，感受到自己“被需要”而进一步激发了内动力。

评价导向：把评价变成教师自己的事

评价即育人。我们的追求是把评价变成教师自己的事情，因为一味地借助外界评价会让管理陷入被动的困境。

根据教育局的统一要求，学校要搞教师双向竞聘上岗，一听到这个消息，有老师就有抵触情绪。作为学校管理者，要思考如何借这个机会，把双向竞聘做得有意义，价值最大化。经过讨论，我们公布如下的政策：第一，为消除老师的不安全感，学校设的岗位数比教职工总数还要多，让老师们感觉到竞聘并不是为了让教师下岗，而是为了合理搭配，形成团队，促进合作；第二，提高工作标准，在竞聘上岗之前，公布每个岗位的目标、任务、工作量、考核指标与方式（都在原基础上有所拔高），让教师自主填报。学校任命校级干部，由年级组长聘任班主任，再由班主任聘任班上的学科教师，层层竞聘，双向选择。当然，对于优秀教师扎堆、年轻教师没人选择等问题，事先做了适当的规避。

这种聘任的方法实际上成为一种最好的评价，单一自上而下的评价，由学校来评价教师，无论用什么方法都难免会有偏颇；但群众的眼睛是雪亮的，双向聘任的过程实际上反映了大家对每位教师工作态度和能力的评价。这样做了之后确实让一部分教师感受到了压力，但运行收效良好。

家长对教师的评价学校每年都在做，但是从不与教师的考核、绩效挂钩，如果发现问题会私下找教师谈话，让教师明白自己该努力的方向。学校不应将每一种评价都用作高利害的评价，应给教师提供一定的安全感，安全感是激发教师工作积极性、创造力的前提。

激发内驱力的方式有很多。只要学校管理者将“人在中央”“教师第一”的理念植入心田，体现在工作中，教师一定能感受到自己倍受尊重，因“被需要”而更加向上。

案例：谁来拍板做决定？

孔　薇 / 郑州中学附属小学副校长　数学教师

新学期开始，依据上学期全体老师梳理出来的问题，各部门开始制定新学期目标。学校体卫艺部门根据大家的反馈，决定做这样一件事：丰富教师的业余生活，组织大家进行健身活动，引导老师们逐渐养成良好的健身习惯。确定任务后，负责人开始策划方案，但在最后拍板时却犹豫了：

1. 有些工作可能会牵涉其他部门，我并不是其他部门的负责人，能拍板做决定吗？

2. 这样的工作我是直接向分管领导请示，请分管领导和其他部门协调，还是先和其他部门的负责人协商，然后再向分管领导汇报？

3. 这种涉及其他部门的工作到底该向哪个领导请示呢？

4. 什么样的决策我可以完全自己拍板，不用请示？

为什么部门负责人会出现这样的困惑呢？源于学校的治理结构不同于传统的层级组织结构。传统的层级结构是分级管理的体制，副校长和中层干部每一层级都有具体的、不同的分管工作。分级管理结构最大的好处，就是职责特别明确，责任特别到位，但同时也有缺陷，就是当大家都特别努力工作时，处于组织机构底层的一线教师和学生就遭殃了，因为每个人都觉得自己部门的工作是最重要的。分管德育的，认为学生的各项活动很重要；分管教学的，认为课堂管理最重要；分管科研的，认为师资培训最重要；这样“做加法”的“管理”容易造成各部门单打独斗、各自为战的现象，使学校工作繁杂忙乱、难以统一。

为了改变这种情况，学校倡导协同化治理。“治理”与“管理”是有差别的，“治理”是学校运作的一种制度构架，相比于“学校管理”，“学校治理”更像是“做减法”，突出强调“鼓励和支持各方面的参与”，强调更好地发挥各方面力量的作用，而不是简单的管控。

协同化治理的原则是减少上下层级，增加平行机构，根据学校的需求设立多个中心，各中心是相互交融的，不存在层级关系，所有领导干部均在同一个平面上开展工作。若某中心牵头开展某项工作，则可以协调调动其他中心的资源，请求其他中心给予帮助支持。这样一来，各个中心均可以调动全校资源协同共进，取消了各个领导和干部之间的层级关系，从而减少了工作布置的环节，增加了部门间沟通的渠道，让学校的各项工作形成合力。

然而，这样的“治理”结构难度更大，对工作的挑战也更大，因为它无形中削减了“行政指挥和命令的权力”，更需要各中心讲究合作、协同和统筹，需要发挥各自的沟通能力，在协商中逐渐形成学校共同的行动纲要和价值文化，在过程中促进干部的自身成长，从“管理”走向“领导”。另外，这样的平行中心治理模式在构建初期，还可能会出现因管理者“领导力”不足，一项工作沟通成本较大，出现反复争论而无法形成定论的情况。所以体卫艺工作负责人在接到这项涉及全体教师并需要所有中心统筹协调的工作时，就出现了上述困惑。

思考原因，在于负责人对自身或部门的“责权利”模糊不清，学校管理层没有明确各治理中心的“职责”“权力”和“利益”，也没有形成清晰的工作流程，并且在初次接触这样的运行方式时又没有可以参考的范例，出现问题就在所难免了。

最终，还是采用了协商、合作的方式解决了问题，学校管理层和相关负责人共同直面问题、追问原因、寻求对策，在不断沟通的过程中逐渐明晰工作思路和目标，形成共同价值观：

1. 涉及学校大原则和方向之类的问题，必须提交由各中心管理者组成的校务会共同商议、决策，若校务会最终也无法形成定论，则提交校长决策；

2. 某项工作遇到风险时，需各中心共同做出风险预判，若一旦商议决定后则共同承担风险责任；

3. 一项任务一旦经过一次完整的协商、决策和合作后，再次实施则无须再提交各中心共同商议，具体负责人可以直接拍板；

4. 很多事件的流程，并非一成不变，需要不断地完善、改良和优化，各中心都要在实施中不断进行反思，及时沟通。

谁来拍板做决定？原来是利益相关的各方共同协商，共同对风险作出预判，承担责任，同生共长！在这样的过程中，学校的治理逐渐从封闭走向开放，实现从管理到领导的改变，并最终达到“成事”与“成人”的统一。

薄弱学校改进之路：合伙人制

万　恒 / 华东师范大学教授

薄弱学校的改进是基础教育界长久以来关注的重点。因为工作的原因，我有大量机会接触全国各地初高中学校校长。同时，自2010年至今，长期跟踪指导河南、江苏等地五所薄弱学校的改进，也让我对个中艰辛有了更全面直观的认识。我们敬重那些能够把薄弱学校领导发展成为当地质量名校乃至文化名校的校长，他们的探索实践各有曲折且独到之处，但是最大的共通之处，是他们的理想抱负和对教育不懈追求的情怀。

我们希望探寻薄弱学校改进的共同点，最后将之总结为"合伙人制"，以此来分析总结其中组织更新、以教师专业发展促成学生学业成就的提升，尤其是校长领导力在其中的影响。"合伙人制"，其内涵可以归纳为（见图1）：克服盲点，组织更新；激活团队，应对环境；寻找希望，催生变革；关键问题，共同探索；巩固成果，持续发展；最终实现"共担当、共创造、共分享"的合伙人精神。

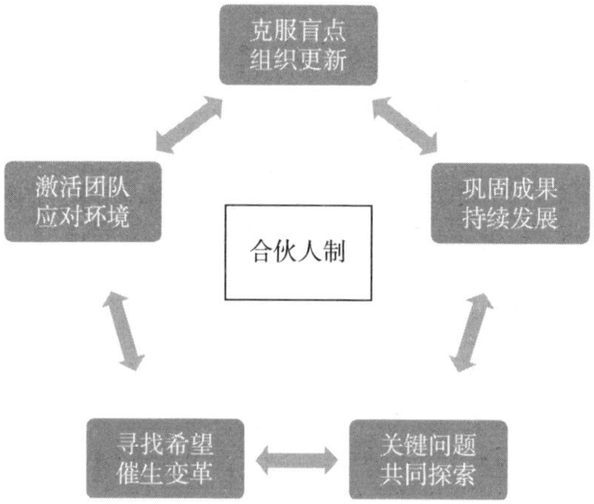

图 1　合伙人制的基本内涵

一、克服盲点，组织更新

“人对了，世界就对了”是一个古老的命题。任何一个组织的基本资源可分为两大类：人和物。薄弱学校在物质上存在很多不足，但通常师资队伍的问题更为突出。除了教师学历不足、年龄结构不合理、学科结构不合理等，更关键的是组织文化的问题。学校创办之初都是学习型组织，逐渐转变成为绩效型或稳定型组织（如表 1），一旦长期稳定，就会显现出一种集体倦怠，变革动力不足。由于学校的根本是发展人，成就人，则学校改进的出发点，必然是通过人的因素才能加以开发利用。所以基于人性的组织更新，克服心智盲点，激发潜能，通常是薄弱学校校长首要思考的问题。

表 1　两种基本的文化类型

绩效型(稳定型)组织	学习型组织
内部导向 强调“完成绩效指标” 鼓励稳定 厌恶不确定、不合常规的东西 强调规则和程序	充满好奇心 提倡实验和创新 分享信息;积极促进信息流动 鼓励冒险 大量使用跨职能团队

决策过程是影响学校变革成败的一个关键环节。学校在为发展规划及改进行动计划寻找依据时,往往存在着很多的心智盲点,它会导致学校领导团队作出错误估计和判断。例如,有些校长对薄弱学校持绝望无助的态度,常常提出,教师职业倦怠的原因很大部分是因为没钱;薄弱学校难以改变是因为生源太差。如果校长陷入这样的心理误区,就如同眼前出现了幻觉或盲点一样,不仅不易察觉还很难纠正。

以下三点对学校改进的创造性决策影响最大。

第一,转换成本。变化有时是要付出很大的成本,这些成本有的是显性的,如时间、投入的精力等;另外一些则是隐性的,如人的恐惧和心理焦虑,害怕失败,害怕改变带来的不确定性,对持久付出带来的挑战等。转换成本可能导致人们对现状的偏爱。

第二,沉没成本。如果我们在学校改进中已经投入了大量的资源,一旦失败,要再重新开始可能就会很困难或者很痛苦。如果因沉没成本过大而更多地倾向于选择安守现状、顺势而为,就容易滋生出一种保守、停滞的文化氛围,使学校变革难以发生。

第三,无为的误区。我们通常都更愿意顺其自然(无为),而不是采取行动(为)。因害怕失去而不作为或期望完美而不作为都会陷入“无为”的误区。在薄弱学校中也是一样,总有人觉得这也有问题那也有问题，最后耽于不作为。实际上，对于薄弱学校而言，能解决一个两个问题，已经是一种胜利，是一种精神感召，是一种人心的改变。

人性的假设，实际上就是“人究竟有没有积极性”的问题，是组织管理学的一个基本假设。领导者有不同的人性假设，就会采取不同的策略，激发或者遏制变革的力量。

有些薄弱学校无法得以较大改进，因校长的立足点是：

- 多数教师总是懒惰的，总想少干工作；
- 多数教师没有工作责任心，宁可被别人指挥；
- 多数教师以自我为中心，不关心学校发展目标；
- 多数教师缺乏自制能力，职业倦怠明显。

结论就是，多数教师（学生）不能自我管理，因此需要另外的少数人从外部施加压力。学校改进策略就是：人之初性本恶，要他干（学），就得命令他，说服他。

选择“合伙人制”变革之路的薄弱学校，校长的立足点是：

- 工作和娱乐一样，都是人的活动，人是否喜欢工作，要看工作条件如何；
- 教师（学生）不仅会接受责任，而且会主动寻求责任；
- 教师（学生）能够自我控制和自我指导；
- 个人目标和学校目标没有根本冲突，若有条件，教师会自觉把个人目标与学校目标统一起来。

结论就是，使教师（学生）成为合伙人，与校长合作，一起思考如何产生新观点或者为此制定行动方案。学校改进策略就是：人之初性本善，引导好，努力干，一起成长。

二、激活团队，应对环境

对于人性的理解，还有以下几种假设：

“经济人”假设——教师干多干少，努力工作，还是消极应对，都是由于经济的原因；

“社会人”假设——人的行为动机不只是追求金钱，还有强烈的社交需求，教师的人际关系会影响其工作情绪；

“自我实现人”假设——人除了社会交往以外，还有充分发挥自己的欲望，特别是需要挑战性的工作；

“复杂人”假设——人的需要是多种多样的，同一个人在同一时间会有多种需要，并随着工作生活条件变化不断产生新的需要。

而这些人性的假设，恰恰应该首先进入校长的视野，辨识不同人群，组成团队，共同探索与实践改进之路的关键合伙人制。

根据美国盖洛普公司对成千上万家企业的调研，员工敬业度是呈马蹄形分布的(见图2)。校长最需要重视的是那些具有“自我实现人”特性的“敬业”教师，将他们首先发展成“合伙人”，共同面对学校“恶劣”的环境。教师群体里，那些主动创新、自我成就意识强的教师，往往被称为“忠诚的叛逆者”，他们积极肯干，但也许会蛮干乱干，校长要重视要引导；那些谋生型的教师，则被称为“装睡的人”，我们需要改善环境，改变评价制度，通过教师社团活动、教研活动等，唤醒他们，激发他们；而那些职业倦怠症严重的教师，则可称之为“学校病态群体”，既然处于需要特殊照顾的状态，我们只能尊重与抚慰，并监控他们少犯错误。

薄弱学校外在的环境，是经费不足，学校周边社区杂乱无章；

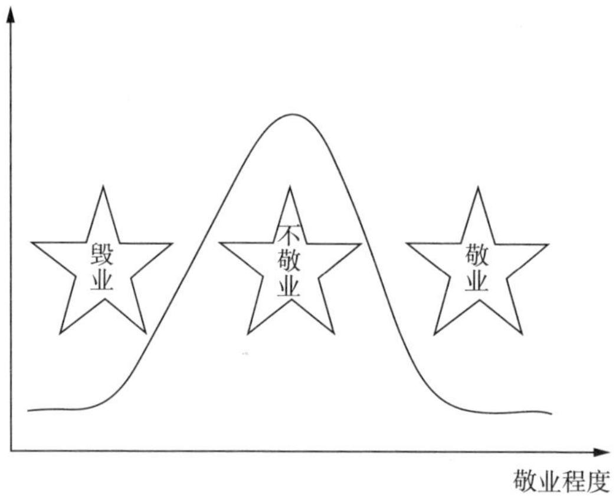

图2　员工敬业度分布的马蹄形模型

内在的环境则是学校内部人际关系复杂，人心不齐，悲观情绪弥漫等。在这样的特定环境中，人们往往是痛苦的。教师的群体懈怠，恰恰因为学校发展目标不明确、教师在其中看不到希望而导致的群体性痛苦地“荒”与“闲”。而痛苦恰恰是促成变革的因素。此外，我们还需要另外一个因素，即希望：以前不可能发生的事情，在今天有希望发生。对于恶劣环境的挑战，校长的决心最为关键，这是一种突破，也是一种精神的号召。

三、寻找希望，催生变革

一些农村薄弱学校，设施设备陈旧、校园凋敝，周边环境脏乱，给人一种“贫穷破败”的感觉。如何迅速改变师生的精神面貌？贵州兴义有一所薄弱高中，校长带领教师、学生，把墙面刷白，每个窗口、阳台、墙角扫去灰尘，撤换大门、展厅、走廊、墙上的破旧字画，整理干净卫生间。同时平整荒地，种上格桑花，春夏两季，花开满坡。孩子们在感知美的过程中得以净化心灵，爱上学校爱上学习。表面上，校长带领团队，选择了一些较容易解决的学校问题，事实上却是一种重拾体面、寻找希望的过程。这种从净化到美化师生校园生活环境的过程，也在逐步改变着师生的思维方式——在整洁美好的环境中，追求有尊严的生活，更是一种“不认命”，是对希望的唤醒，催生了真实世界的变革。

这种做法的本质，始于环境的改变，到学校生活方式的改变，最后实现孕育学校新的文化，其本质是在优化育人环境的过程中，让人们感知希望，渴望看到新的希望，并致力于打破思维桎梏，对变革逐渐保持开放的心态。

四、关键问题，共同探索

薄弱学校的改造是一项极其浩大的系统工程。合伙人制度，固然是改造的方式之一，但如何成为合伙人，仅仅依赖于校长的个人魅力与移情能力有时是难以解决问题的。因此，更需要一个会思考的灵魂，找到撬动教师、唤醒教师的杠杆，通过活动、仪式，“激活”教师，凝聚人心，激发潜能，共同探讨学校教与学的改进。

唤醒、激发教师、学生，共同探索教与学的改进，不必首先从制度着手、从直接改变课堂教学方式着手，可以选择一些有意义的活动制造一种仪式感，帮助教师确认教师责任感，帮助学生确认学生身份以及树立学生当以学习为先的意识。山东一位校长初到一所薄弱学校，发现学校教师平均年龄 45—50 岁，十多年没有进过新教师。他的激活教师、激发学生就是从恢复多年没有举行过的升国旗仪式、学生体育运动会开始，制造若干学校生活仪式，帮助教师、学生回归日常学校生活。

教师开始回归正常的教育教学程序之后，则需要明确的方向，不断的反馈。他们需要接触最新的思想，并且有相应的工具来把思想付诸行动。他们需要被安排去做一些引人注目的改进项目以便展示才华。他们需要得到承认并且获得与贡献相应的报酬，这报酬未必是金钱，更多是鼓励与有效的反馈。更重要的是，他们希望被校长认为自己是他的合伙人，是组织的一员，一言以蔽之，他们需要有效的领导。

教师需要明白学校的核心任务是什么。既然鼓励教师成为学校的合伙人，大家利益一致，方向明确，荣辱与共，则所需的保障是行动。对于教师，鼓励和有效的反馈非常有必要。及时反馈并增加反馈次数，教师才可能迅速改变。高效反馈，包含恰当的鼓励、试探性提出问题、和教师一起确定行动的步骤、指导教师、提前计划并列出时间表。一次给出的目标不要太多，关键是行动，有行动就是进步。这就是我们常常说的，教师和学生一样，“小步走，不停步，进大步”。

学校变革产生利益与价值的最直接效果，就是学生的改变，通过教学质量的提升表现出来，而教学质量提升的关键，又是通过唤醒教师而激发学生潜能才能得以改变的，切入点是师生关系的改善。因此，很多校长亲自在课堂与教师一起实践，在逐步改进中共同探索提升教学有效性的更优方式。

总之，“合伙人”精神必须贯彻到校长与教师、教师与教师之间，成为利益一致的团队。一致性主要指的是变革中领导者的行为应该和改革的愿景目标、潜在价值和任务相一致。

五、巩固成果，持续发展

薄弱学校改进持续一段时间，学校已经取得了较为明显的变化，这时需要面对如何保住改革成果的问题。其关键在于，校长要想方设法推出新的能够改善现有教与学的实践，去“扰乱”系统的内部均衡，或者建立更为全面的组织管理来制约“无序”并引导“有序”。

合伙人制薄弱学校改进的巩固阶段，需要实行校长领导、项目负责为基础的“矩阵式”管理运行机制（如图3），以项目管理的方式让每一个教师成为学校共同进步的担当者，强化合伙人“共同担当、共同创造、共同分享”的精神。

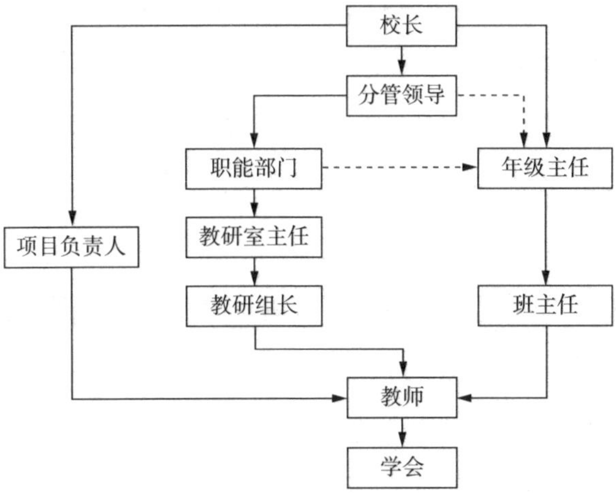

图3 “矩阵式”管理运行机制

六、小结

在当今社会、经济转型时期，校长选择走“合伙人制”薄弱学校改进之路，需要承担好 4 个关键角色：

其一，不受束缚的思考者；

其二，关系网络的构造者；

其三，示范引领者；

其四，解释者。

校长首先是不受束缚的思考者。他们需要不断超越传统思维方式，不断接受新的观念，帮助学校和教师了解自己——自己的力量、能力以及局限性。他们必须帮助教师接受新的观念，同时使教师意识到彼此作为合作伙伴的力量与能力。因此，校长要从宏观角度处理问题，并把新思想和各种思维模式整合到领导过程中。更重要的是，薄弱学校校长，还需要从个人以外的方面寻求资源，这是选择合伙人制薄弱学校改进之路的校长必须具备的一种领导意识：单独的个体或学校不可能拥有学校成功变革所必需的所有资源，学校外部或内部需要建立的合作伙伴关系和相互联系对未来学校发展是不可或缺的。

其次，校长是关系网络的构造者。为了集中精力改进课堂教与学，提高学校办学质量，必须确定在工作方面能力互补的合作伙伴并将他们联系起来。当然，这需要校长形成一种关系思维模式，重视并帮助教师来分享他们的想法、信息、知识和能力，这种以信息沟通为基础的学校文化变革对新理念的落地至关重要。

其三，示范引领者。合伙人制改进之路的薄弱学校校长，是领导者，更是学校教师、学生的同伴，很多事情需要校长亲力亲为，比如设置校长信箱，“事事有回音、件件有回复”，与师生同吃同住同洗碗……学校教师往往因为与校长一起共同承担着学校改进的责任，与校长共同分担着其中的甘苦，不再是孤独的存在者。校长需要将自己化身为师生的同行者、示范者，甚至呵护者。学校改进之初，考量的是校长的抱负，也是校长的价值观集中体现之时。同时，校长的个人价值观往往决定了学校未来的价值观。校长的行动一旦与他所提倡呼呼和要求教师遵从的价值观出现不一致，马上会被认为是“言行不一”，从而使得学校改进受阻。因此，校长的示范引领作用，不仅体现在行动上，更体现在价值观上。

最后，校长是解释者。显而易见，校长需要特别强大的沟通能力、谈判能力。高效沟通，是为了帮助教师认识到共同合作能取得比个人更大的成就；谈判能力则是要应对学校改进中的方方面面，能在潜在的合作伙伴之间建立联系和一定的承诺关系。毫无疑问，作为解释者，丰富的组织知识、广泛的视野、正确的价值观，才具有影响他人的能力，在挑战和机遇面前使得别人能够信服。

总而言之，合伙人制的薄弱学校校长，是乐观的，是积极的，他们不会对学校的过去进行“病态”追问，而是立足优势，凝聚人心，引领教师共同面向未来，一起追问“我们的文化优势何在”；他们目标明确、推动对话，力争保持方向一致；他们能够灵活地采用多重干预手段，接受不满的质疑，及时反馈并传达某些重要信息；他们能够切入重点，应对潜在的抵制行动，优化行动，巩固改革成果。

总之，校长是薄弱学校改进的关键。他需要化身为学校教师、学生的合伙人、同行者，通过对人性的优点的感知和判断、创造和建立合伙人关系，与学校共同成长。

静水深流

——学校变革中的变与不变

秦建云 / 海南 iSchool 微城未来学校校长

一、聊遍全校老师，才找到变革的眉目

十一学校的课程变革是从聊天开始的。为什么呢？十一学校决定要做课程变革时，我这个课程院院长是个光杆司令。

当时我坚信一条：不管是学校的什么部门，一定要对老师产生帮助，要了解老师痛苦的地方在哪里，要利用资源优势尽量帮助老师去摆脱痛苦。

半年下来，我进行了大约 270 多人次的聊天，把老师们反映的问题进行记录、分类和统计。在梳理总结的过程中我渐渐明白，课程问题和课程分类问题是两个层面的问题；我也渐渐发现，那些在严肃报告中看不到的、大大小小的事，反而能在轻松的聊天过程中找到。

当我们遇到困惑的时候去聊聊天，可能就轻松很多；当我们不知所措的时候聊聊天，可能就明确了方向；当我们老师和家长之间

产生误会之后，我们去聊聊天，最后会发现想法是一致的。

无论我去了哪所学校，这所学校一定要有咖啡阅览室，要有聊天的机会。大家敞开聊，在他人的叙述中找到问题的解决办法，就会对某个问题产生共识。

二、追着数学老师和主任磨课程体系

我在一线任教时就发现，其中一个最好的孩子，高一结束已经在读电动力学，上课的时候我特别担心他说话，只要他一想说话，一定是我讲的课出了问题。但一些孩子就不是这样，你讲完了问他明白了吗？明白。回去做题又全都不对。

几乎每所学校都存在这样的问题：学生学习程度差异无法解决，统一教学使学生无法主动学习和自己学科水平关联度更大的内容。

老师们也很纠结，不可能不照顾后面的孩子，可是一旦把精力都倾注在这些孩子身上，那些更好的孩子就无法得到更好的培养。

这个问题靠课堂解决不了，必须从学校层面解决，走到比课堂更高的一层——课程。

一开始，我找到数学学科主任帮忙，他用了一个月的时间拉完体系。交给我的时候，他是憋着气晃着脑袋的。

“我不是很满意。”“为什么？”“你这个事吧，按这么来前面的孩子照顾不了，但你要是改到前面的孩子行了，后边的孩子就废了。”他觉得他这东西是个半吊活。

后来我又找一个刚毕业两年的数学博士帮忙做一个数学课程

结构，不设要求，怎么有价值就怎么架构。他两晚上就把体系做出来了，而且是一个从没见过的数学课程结构。我觉得眼前一亮，拿去找数学学科主任问他怎么看。他看完就勃然大怒："这样的一个课程体系，如果给孩子们，孩子们不就全毁了吗？除了前面那些好一点的孩子，后边的孩子都不行。"

我又拿去问学校的数学老师，他们也都持反对意见，还给了个数值估算：这样一个课程体系虽然好，四分之一左右的孩子能适应，四分之三的孩子都不行。

不过对我来说，这些话意味着我的想法实现了一部分——能帮到前面的孩子。

接下来，我又去拜托数学学科主任把课程体系进行修改：前四分之一你不要管了，针对另外四分之三的学生写一个体系。

这个体系一个星期就出炉了。拿着两份体系，我生出了第一个念头：建立学科分层课程体系。不让这些孩子在一起学共同的内容，让他们分开，学习和自己关联度更高的内容。

三、没有硝烟的战争

一般认为：十一学校的老师素养那么高，当领导做出一个决定，一定是欢呼叫好。

事实上，从来没有，不如意更多。阻力是变革最大的困难：那么多的声音，招呼不过来，怎么办？只能分解，一点一点来。

如何才能下决心取消行政班？

当我提出分层的时候，一个最大的问题就是怎么分？如果是把好孩子弄一个班，普通的孩子弄一个班，那不就是原来的实验班和普通班吗？

我们先选取了三个行政班，让数学老师从里面推荐能上层次较高数学课的学生，然后是物理老师，语文老师。这就出现了一个问题：数学老师、物理老师推荐的孩子们，绝大多数不在语文老师给出的名单上。

以前，以数学为基础来做实验班和普通班的时候，语文不改；反之，数学不改。但在新的分层体系中，该怎么办？

我组织老师们分析行政班的优、劣势，分析新的课程在原有行政班的体系中，其优势是否严重被削弱。大家在研讨和头脑风暴中，达成“现有行政班体系弊大利少”的共识。在之后变革中，这一共识保障了学校教师的心理安全。

和老师们讨论的过程中，我们还发现，班主任体系出现一个重大的问题：垄断。班主任把德育工作垄断了，其他老师遇到问题只作通报，最后还是要班主任出面解决。

班主任以这种形式陪伴学生，更多是基于权力的管理，这种局面背离了全员德育，也一定会背离真正的教育。教育是人对人的影响，影响孩子的人越多，他所受影响的客观性和全面性就越能得到保障，孩子就不容易偏激。反之，就会是一件很糟糕的事。

这时，我有了一个想法：彻底取消行政班，只剩教学班。一旦走起来，数学就按数学的名单去分，语文就按语文的名单去分，各按各的。

谁愿意跟着做资源建设？

我把那些在聊天的过程中感觉有想法的人聚集起来，成立一个组，一起来探讨分层分类的资源体系，没有轰轰烈烈的开启仪式，就这么干起来了。

而当我把年级重新配备的老师拉到宾馆闭关做资源时，各个学科老师都还在问，我们干什么？怎么干？我只做了方向性引导，不对内容做评判。艰苦工作了20天，终于完成了第一个资源。

资源是完成了，但挑战才刚刚开始。矛盾和难处都现实地摆在那儿。

说要砍，老师们的课时砍得动吗？

虽然老师们总说“我们不能占孩子那么多的时间，应该把时间还给孩子”，实际上几乎没多少学校的主科老师的课时是严格按照国家制定的教学大纲要求来实行，一般都比较多，甚至体育、艺术的课时都被数理化占用了，而一旦开始砍老师的“课时”，老师们就不乐意了。因为那是资源，人对资源的占有欲是天生的。

但这样的现状注定了我们的教育一定是低效的。在相同的时间里完成更多工作，这叫效率。时间压不下来，永远不叫高效率。所以，要高效，就得把老师的课时给砍了。

为了把课时谈下来，我摆出“死猪不怕开水烫”的架势，面对僵局不退缩，行动策略上甚至连“挖墙脚”的本事都用上了。

我找每个学科跟我关系不错的“大佬”们，用没得商量的口吻告诉他们：下次再去你们学科组谈砍课时，你必须站起来帮我说这几句话，否则我们就不是朋友：

一、别嚷嚷，他是铁了心，跟他嚷嚷没用；二、砍就砍吧，反正他砍了我们也没给别人，因为都砍了；三、我们试试，不行了，再要回来。

等我再去谈砍课时，大家还嚷嚷，几位“大佬”就咳嗽一声，然后都是这三句话。其他人也说不出话来，事情就这么通过了。

唯独我任教的物理学科没通过，有意见的人直接找到了校长。校长就找到了我。但我要是给了校长面子，所有学科的超要求课时全部都要退回去。我只能放出“绝情话”，不给自己任何退路：我 40 节，他 48 节，我要教的比他差，听他的；我要没比他差了，他听我的。校长一听，也通过了。

砍了课时，怎么治拖堂？

课时砍完了，老师们极其珍惜上课的每一分钟，但也生出了新问题：出现了大量的拖堂现象，下死命令也无效，怎么办？这需要新的解决思路。

我们赋予学生权利，打下课铃立刻离开教室不违规。拖堂问题就这么解决了。

2011 年，我们着手变革时，还有很多老师担心家长会不同意。

当初我有一个判断，对中国教育认识最落后的恰恰是搞教育的。在中国，对教育理解最好的是学生，然后是企业，再是社会，最后是教育自身，做这样的事情，家长不会有多大的阻力。果不其然，家长其实很支持。

四、变革要有搭上自己一辈子的觉悟

真实的北京十一学校的变革不是“把准备工作弄好，然后一二三开战”，没有大家想象中的“动员工作”，也没有成功案例中提到的“教育理论”。一切有价值的变革都伴随着让你难以承受的风险，甚至于是把自己的一辈子毁掉的风险。

当时我和李希贵校长紧张到有个约定：不能同时离开学校。我俩还喜欢溜达，就是为了消除自己的恐惧心理。这就是十一学校当时变革的真实情景。

中国做教育的人，有不懂分层、分类、个性化的吗？没有。但为什么干不起来？很多人只想过平平静静的日子。教育的变革从来就不简单，但教育的变革从来都不能停，怎么才能做好这件事情？我觉得就是对教育的担当。

当看到孩子们得到了高分数，却造成了诸多终身遗憾的时候，我们必须去想一个办法，既不让他丢掉高考，还要尽最大努力缓解负面影响。

我崇拜希贵校长的唯一理由，也是他的“担当”。万一捅了娄子，大不了我卷铺盖走人，但他跑不了，校长是第一责任人。他下决心去做，放开手脚让我去做，就是他的担当。也因为这种担当，十一学校的变革在客观上为中国的基础教育转型提供了大量的实践样本。

五、把最重要的事捋捋

1. 十一学校变革的精神源头在哪里？是什么让你们有了选择和行动的勇气，为什么会是这样一种行动路径？

北京十一学校的变革是偶然，成功是必然。背后有一些历史原因。

第一，十一学校自身从中央军委子弟学校一直到国有民办，在治理层面上已经做出了翻天覆地的改变，经过一段时间的国有民办，有了学校自己的分配体系、治理结构，这是一个很好的储备。

第二，由于是国有民办，政府给了学校一定的支持：给出一部分编制在全国范围内招聘优秀教师。我就是在那个时期到了十一学校。而这批优秀的教师有两个需求，一是想做点事；二是给自己的孩子升学找一个好地方。

第三，缺一个对教育悟得比较透的领路人。老校长访遍全中国找来李希贵，就是他这一个，没有别的。

这些事、这帮人凑在一起，必然会碰撞出一些火花。为什么？没一个消停的。

希贵校长来了，我也不认识他。结果一年下来，我很佩服他。当校长一定要善良，把很多难事留给自己，千万不要为了自个儿轻松一点，把困难留给别人。他真是善良，这是第一。第二，这个人不仅懂得多，做得也多。

中国教育的话语权已经不在教育界，中产阶层将左右中国对教育的认识。因此，这件事发生在十一学校有其偶然性，也有其必然性，不以我们的意志为转移，这是我对这个事的一点看法。

2. 关于担当和情怀

农村、山区的校长也很想为当地孩子的成长贡献自己的才华。我们也希望回去有所行动，但是面对现实却感觉无从下手。农村的学校要师资没师资，要条件没条件，要资源没资源，要生源没生源，我们如果要变革，如果也要借鉴十一学校的思想、思路，切入点或突破口在什么地方？

客观上，这是一个很难说清楚的事。这就有点像一团乱麻，我们怎么把它解开。

最早，我做一件事就想改变所有的东西，但任何一件事做到极致，对其他事就会产生极强的破坏性，系统就一定会出问题。所以要从系统上去构建，而且这么多年，我越来越感觉教育是一个系统工程。

但只靠校长一个人不行，解决问题需要团队，一定要把大家发动起来，不要舍弃团队里的任何一个人，而且要自力更生。比如，最早开始筹备变革时，我得到了一大堆专家的电话号码，有中央教科所的，也有北师大的，于是请他们来帮忙。结果发现交给他们做事，交货遥遥无期。唯一能指望的是我们的老师。尽管他们做出来的东西专家们都嫌弃，但也是拿出成果了。这一点上，我们要活得很清醒，不要看不上我们老师做出来皱巴巴的那件事。

现在把我们第一版的物理读本拿出来，看着看着都乐了，谁知道当初为什么那么写。但这一点儿都不会影响学生成长，学生读完了，几乎把我们犯的错敲个底朝天，一个不落。于是我们就有了力量。

其次，当我们做事的时候，千万别一条道跑到黑。做做这个要停一停，赶快做做那个，做过那个就停一停，再回过头来做做这个……在来回折腾的过程中，我们就会越来越清晰、明白。

再次，从根本上去解决问题，千万不要锦上添花。所以当我带着老师搞课程的时候，就是要把 8 小时内的学习干掉，8 小时之外不管。把学校最着急、最重要的事捋捋，一个一个地从系统的角度来解决。

另外在这个过程中要充分依靠年轻人。年轻人体力好，老同志受不了，一定要让年轻人多做事，年轻人活儿干着干着，地位变了，有话语权了，就更来劲了。要把最能够豁出去的人找着，让他们充当主力。

变革过程当中，总有一些我们感觉有点弱的部分，但这一点都不会影响学生成长，不要把这个事过度放大，让它运行一段时间，鼓励老师搞清楚就可以了。我做过一个调研，上课的新手往往能教出最牛的学生。为什么？他讲不明白，孩子们就得自己琢磨明白。教得最差的是讲得最清楚的，因为孩子们不用琢磨就会了。等到他上高阶课程才明白，原来老师并没有讲好。要容许老师们的一些不完美，只要方向对了，鼓励他们一步一步，哪怕是挪，也会有变化。

教育永远是一个系统过程，一个方案、一个点，能起一点作用就可以了。如果我们只看到一个方面，忘了整个系统，就会犯错误。

当我们在说高效课堂时，它到底指向什么？

韩　冬 / 一土学校副校长　均优教育研究院特聘顾问

一、什么是高效课堂

1. 旧闻一则——从 PISA 说起

2015 年，经济合作组织（OECD）抽取了我国的上海、北京、广东、江苏四个相对发达省份 268 所学校约 1 万名 15 岁的中学生进行 PISA 测试（Programme for International Student Assessment）。该测试旨在评估世界范围内的 15 岁学生在数学、科学和阅读三个领域的能力。我国首次参加 PISA 测试是在 2009 年，当时由上海中学生组成的群体取得了所有三个领域的第一，引起国内轰动。然而 6 年之后，中国大陆的成绩由三项第一退到总分第 10，其中阅读仅位列 27。当然，总分并不说明一切，但另外两组数据也十分尴尬——我们学生的周课内学习时间位列第 7，而周课外学习时间更是位列第 2。可以看出，我们用更长的学习时间并没有获得更好的学习结果，也就是说学习效率是不高的。

下面一幅图(见图 1)更清晰地说明了问题的所在:

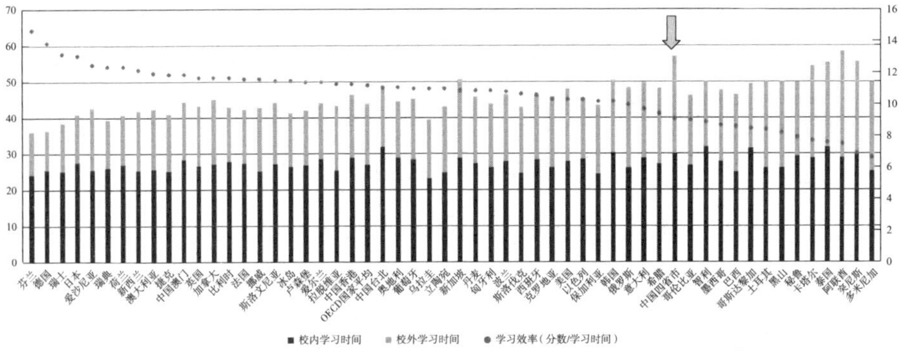

图 1 各国学生学习时间与学习效率(PISA 2015)

这幅图显示了各个国家学生的平均总用时时长和在科学领域取得的成绩,其中曲线代表学习效率,从中我们可以看到中国(箭头所示)处在一个偏低的位置。不言而喻,学习效率低下,是我国当前教育的一个重要问题。而课堂效率则是决定学习效率的重中之重。

2. 什么是“高效”?

要构建高效课堂,首先我们需要知道高效课堂的特征。对此,我们将课堂效率定义为:单位时间内学生的收获。这里需要注意几点:

● 单位时间。时间是有限的,通过占用更多时间来提升学生的成绩不能算是提高了效率。

● 主体是学生,而非老师。老师输出多少不算数,要以学生的获得来衡量效率。

● 收获是学生真正学到的东西，也就是内化的知识，而不是听到了多少信息。

显然，课堂效率不仅和教师的输出有关，也和学生对知识的接受有关。特别值得注意的是，教师输出效率和学生接受程度并非成正比，甚至一定程度上是相互矛盾的（见图 2）。教师输出的太多太快往往容易导致学生接受率下降，甚至影响学生对学习的兴趣和自我效能感。

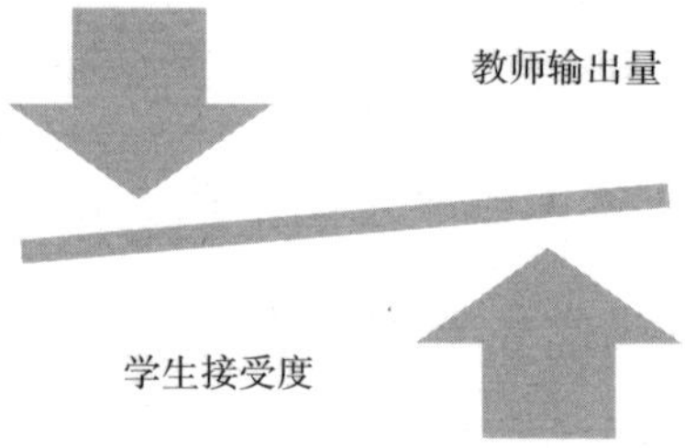

图 2　学生接受度与教师输出量关系

如何保持二者的平衡？回答这一问题似乎也容易：讲最有用的，学最有用的；以最佳方式讲，以最佳方式学。当然，什么是“有用”，什么是“最佳方式”，也就是高效课堂的特征是什么，需要进一步深入探讨。

3. 基于目标，追求理解

高效课堂的第一个特征就是要一切基于目标（见图 3）。具体来说就是，教师的指令和点拨要指向目标，学生的活动和思考要实现目标，资源的建设和使用要围绕目标。同时，目标本身要有意义。那么什么样的目标才是最有意义的呢？换句话说，我们在课堂上应该尽量追求什么？

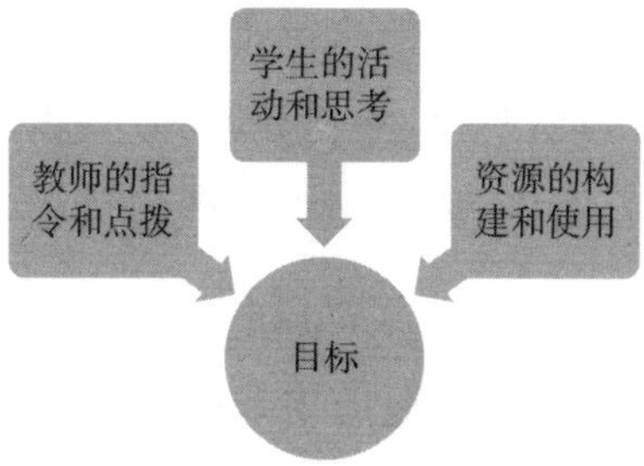

图3　目标特征

我们先来思考这样一个问题：什么样的内容会让学生学起来效率高？有关这一问题，教育心理学界有广泛的共识：第一，有用的；第二，相关的；第三，有趣的。这三点都很好理解。有用的知识会给学生提供稳定的学习动力；相关的知识则使得学习的过程可以和已有知识建立联系，自然也有利于提高学习效率；有趣的知识则最能够激发学生的学习热情。

然而通过反思，我们也许会发现：我们教的很多知识无用、无趣，且彼此之间毫无联系。在这种情况下，如何让学生高效学习呢？

其关键在于两个字：迁移(transfer)。所谓迁移，简单来说就是把学到的东西用在新的情境(context)中的过程，相当于我们常说的举一反三的能力。可迁移的内容往往具有跨时间、跨文化甚至跨学科的价值，因此无用可以成为有用、无关可以成为有关、无趣可以成为有趣。

如何使迁移发生呢？关键也在于两个字：理解(understanding)。作为一个常用词，其实很多人对“理解”并不理解。理解是一种心理过程。在这一过程中，具体的事物得以概念化的表达；而概念是抽象的、普遍的想法，本身具有可迁移性。因此，理解的标志不是记住一系列具体的信息，而是在具体的信息之间建立逻辑性的联系。当我们理解一个新的概念，就需要在头脑中与我们已有的概念进行连接。实际上在这一心理过程发生时，在生理层面上也发生着类似过程：一些神经细胞的突触进行了连接。简单来说，理解的过程即是连接的过程。

爱因斯坦说过一句很著名的话：把在学校里学到的所有东西全部忘光了之后留下来的东西才叫教育。宏观、跨学科的概念就是一种可以在忘记知识之后留下的东西。这些概念在人的一生中都是有用的，比如导数这样的高等数学概念，大多数人在离开学校后都不会再用到，但其中蕴含的“变化率”这一概念会贯穿于工作和生活中的各个情境，像婴儿的成长、积蓄的增加都体现着这一概念。理解概念的过程本身就是连接信息，也就是让知识之间相关。当对具体信息的识记上升为对规律的理解时，很多枯燥的信息也会变得有趣起来，因为人类本能地会因规律的“统一”和认知的自洽产生快感，就像当你得知微小电荷间的电磁作用力规律与巨大天体之间万有引力规律惊人一致的时候，会不会感叹世界的奇妙呢？因此，追求概念的理解可以让知识变得有用、相关和有趣，从而大大提高学习效率。1908 年心理学家贾德进行的水下投靶实验也证明了，相对于机械训练，对相关概念的理解可以让学习者在新的情境中更好地解决问题。这显然意味着学习效率的提高。

因此，追求理解，就是高效课堂的第二个特征（见图 4）。这要求教师把学习的最终目标设定为对概念的理解，在评价学生学习效果时也应测量学生的理解程度，并且设计帮助学生理解的课堂活动作为学习计划。

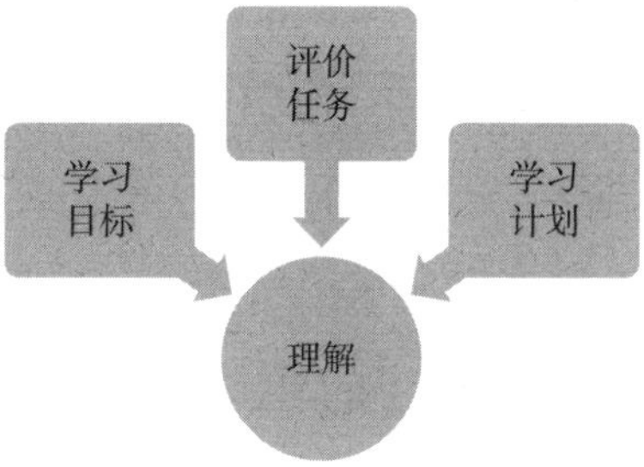

图4 理解特征

同时需要强调，虽然理解概念应该是课堂的追求，但这一过程离不开学习具体内容，包括特定的事实信息和一些操作性的技能，否则就是空中楼阁。打个比方说，如果要过河，需要乘筏子，但一旦过了河就不必再背着筏子了。其实理解概念也就是渡河的过程，具体的知识和技能就是筏子，即使忘掉了知识和技能，对概念的理解也会留下来，可以用来学习更多的知识和技能，甚至去理解和感悟更多的人生道理和自然规律，也就获得了爱因斯坦说的“真正的教育”。

二、高效教学策略

高效的课一定是针对具体的学生和内容的，因此教学的形式多种多样。不过，虽然在具体的教学形式上选择很多，但提高课堂效率还是有一些通用策略。以下是笔者个人在教学经历中摸索和实践过的五个有效策略。

1. 以单元或主题为单位备课

备课非常重要，但在很多学校却沦为鸡肋：或者工作量太大，让教师产生倦怠；或者演变为应付管理者的形式主义。这两种状态都将极大阻碍教师的发展。我建议，备课以整个单元或主题为单位，且为课堂上的临场发挥留出空间，哪怕是刚刚走上讲台的新老师也应如此。这样做至少有四个好处：

第一，一个单元或主题中知识点往往会重复出现。教师在设计中可以有意识地利用这一点逐步加深学生对知识点的记忆。

第二，一个单元或主题往往着重训练同一种技能。技能都需要循序渐进的培养和重复训练，而以单元为整体设计时，教师能更好地为这些技能设计整体性的训练策略。

第三，一个单元或主题往往可以使用相同或相似的教学资源，比如背景信息、多媒体资料、语料等。这些教学资源只有在一个单元中整体协调使用，才能最大程度提高使用效率，避免无谓重复。

第四，一个单元或主题往往是由相关知识构成的相对紧密的知识体系，这也是最重要、最本质的一点。学生只要掌握整张知识网，那其中的每个节点也就不在话下。

因此，教学设计能否体现整张知识网的全貌，相关内容能否以恰当的逻辑顺序呈现，相关概念之间能否协调联结，是教师在备课过程中需要考虑的非常重要的事情。

2. 以理解为中心确定目标

之前我们提到高效的课堂应该“基于目标，追求理解”；也就是说，应该确立以理解为核心的目标并围绕其展开教学。相信不少老师会产生疑问：根据布鲁姆的目标分类体系，“理解”既不是唯一的，又不是最高级的学习目标，为何一定以它作为核心目标？

第一，无论是较之低阶的“识记”还是较之高阶的几类认知目标，“理解”都更具有在不同知识点间甚至知识领域间横向迁移的价值。“识记”只对应具体的知识点，而“应用”“分析”“评估”和“创造”都需要对应具体的情境或技能。

第二，“理解”更具有纵向迁移的价值。它是一切更高级认知的直接基础，同时可以有效帮助更低级的“识记”进行。

第三，对于大多数学生，大多知识并不需要达到“应用”及以上的级别。

第四，对于大多数老师，“应用”“分析”“评估”和“创造”很难在实际教学中以具体的行动区分。如果直接以这些为目标，往往会导致教师过多聚焦行为而忽略共同的认知基础（即对概念的理解），反而难以达到这些高阶目标，而当理解透彻时，实现这些目标就变得容易很多。

综上原因，将“理解”作为核心教学目标，是一种简单而高效的做法。但不是所有目标都是理解性目标，围绕理解性目标（U），我们同样需要设置识记性的目标（K 即希望学生能知道什么）以及操作性的目标（D 即希望学生能够做什么），这样，我们就把复杂的目标体系简化成 KUD 三类（见图 5）。我们知道“理解”实际上是知识在头脑中建立连接的过程，因此，U 是连接的方式，K 是连接的节点，D 是连接的过程。在教学中，针对 K 和 D 的策略很简单，无非就是“记”和“练”，但在与之相关的 U 的统摄下，记什么、练什么、如何记、如何练就变得清晰起来，课堂效率也会为之大大提高。

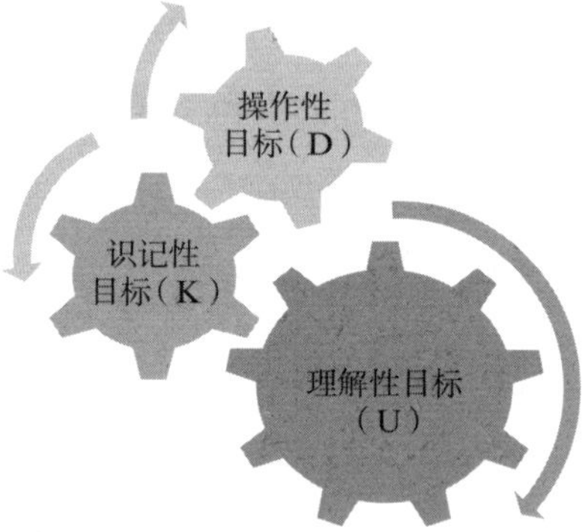

图 5　KUD 目标体系

3. 高效教学策略三——以问题引导备课及课堂

虽然教无定法，但有一个策略是通用的：用问题引导课堂。也就是说，一堂高效的课，应该是一个不断提出问题和解决问题的过程，否则，要么就是教师单方面的灌输，要么就是学生无意义的活动。以问题引领课堂的好处显而易见：

第一，人们都有见到问题想回答的本能。因此，问题是激发思考的有效方式。

第二，解决问题可以给人们带来心理上的快感。这种快感就像游戏通关一样，不断给人以心理上的积极反馈，促使人们不断想解决下一个问题。因此，用问题串作为脚手架可以帮助学生更轻松高效地达到目标。

第三，通过问题可以及时获得反馈。无论是对教师提问的回答，还是在学生存疑情况下对教师的提问，都可以直接反映学生当时的思维状态以及与目标的距离，教师便可以据此进行更有针对性的教学活动。

第四，解决问题本身就是最重要的评价方式，这也是最直接的好处。中、高考考的也是解决各种问题，所以不断重复练习这一过程对于在评价中取得更好的成绩肯定是大有裨益的。

以实际问题引导也可以提高备课效率。和学生一样，教师也有本能回答问题的欲望，同样会有解决问题后的快感，也同样需要站在学生的位置练习解决问题。因此，在备课中的一项重要步骤就应该是围绕本单元的教学目标设计问题串。这个问题串既可以帮助教师把握住重难点，又可以作为设计课堂活动的依据。通常一个理解性目标（U）对应一个基本问题（essential question），而解决问题的过程就是利用相关的事实信息（K），通过一系列的技能操作（D），而达到对基本问题的关键理解（essential understanding）。

4. 优化教学情境

传统上，情境化教学指教师在教学中特意创造出某种生动具体的场景，以使学生产生某种情绪体验。在这里我想提倡的情境化教学策略更加广义：需要教师特意创造场景，但这种场景并非一定是生动具体的，目的也不一定是激发学生的情绪体验，而是创造让学生更舒适的“思维环境”。这种舒适的思维环境有些情况下是贴近生活使人熟悉的，有些则恰恰相反，是远离生活而又神秘的。比如生活中的数学问题往往有很多杂乱的变量，不利于学生理解其中蕴含的数学原理，而刻意创造的题目则可以是简洁而通俗的，对学习者来说会是更加舒适的思维环境。

一般来说，创设情境时可以考虑以下几个策略：

第一，将陌生的情境熟悉化。在熟悉的情境下，有熟悉的知识和概念做铺垫，更容易激发对新概念的认知。

第二，将抽象的事物直观化。抽象的概念理解起来往往比较困难，如果进行直观化的比喻，或者尝试图像化，则可以提升认知效率。

第三，把学生从旁观者变为体验者。通过让学生设想自己处在一个真实的情境，扮演其中某个角色并完成某项任务以达成某种效果。这种方式既可以激发学生的热情，又可以引导学生从其他视角去理解知识，比如自然科学中让学生做探索性实验，社会科学中让学生设计并实施调查。

需要说明的是，情境化策略并非永远都是提升课堂效率的最佳选择，一些学生可能并不需要情境为他们提供舒适的思维环境。我在教授物理时也经常让数理逻辑能力很强的孩子直接推导公式，不给任何情境，对他们来说这是效率最高的方式。然而，不可否认情境化策略在多数情况下仍是适合于大多数学生的策略，并且这也与现今中高考的出题风格、变化趋势更加契合。

5. 有效反馈

简而言之，反馈是教师对学生反应的回应。学生的反应体现为课堂上的即时反应、课下完成的任务（比如课后作业）、课后的提问等形式。反馈是必不可少的教学环节，恰当的反馈会很大程度上提升学习效果。高质量的反馈应该遵循以下几个原则：

第一，尽量积极。正向积极的引导有利于促进学习。

第二，目标引导。与其他教学环节一样，反馈也要指向目标。无论是课后作业，还是课堂提问，当学生的反应显示没有达到预期目标时，教师应通过进一步的教学活动帮助学生向目标方向靠拢。

第三，尽量启发而非告知。在学生有疑问时，我们希望学生自己找到答案。学生有疑问说明有思考，这是一个非常积极的信号，我们要做的是引导学生朝着目标继续完成思考周期，而不是让答案快速终止学生的思考。

第四，尽量精确。避免模糊的回应或仅仅是“对”或“不对”这样低信息量的回应。

第五，尽量个性化。相比其他的教学环节，反馈最容易做到因材施教，因为反馈是基于学生个体的反应。

有效反馈的前提是学生对课堂教学有有效回应。在课堂上，最富含信息量的回应当然是学生的回答和提问，这也是以问题引导课堂的理由之一。除此之外，学生的表情和动作也包含着丰富的信息。学生的眼神会不断流露出他们此刻的状态：或兴奋，或疑惑，或倦怠，或游离，教师需要做的是迅速捕捉到这种信号并做出恰当的反馈。

如果说对学生课上反应的即时反馈更多取决于教师的经验，那么对于学生课后反应的捕捉和反馈则可以采用更加系统化的方法。可以在课后作业的设计上有意识地收集足够信息，而不是简单给学生一个分数。在这里我分享一下我布置常规作业的模式。和很多教师一样，我也经常会留“学案”式的作业。我的学案作业通常由以下四部分组成(见图 6)：

第一，教学目标。按照 KUD 的方式，让学生明确知道要记住什么，要理解什么，要掌握什么技能。这部分是给学生看的，不记分。

第二，知识总结。这里绝不让学生抄书，而是要求学生必须通过自己的方式表达出重要的知识结构。通常的形式是表格或者概念图。这一部分记 1 分，根据总结的准确性和精炼程度给分。

第三，典型习题。既然是典型习题，就要选最具代表性的，一道顶十道的。而且，我从来不出选择题，即使题目来源是选择题也要求学生把运算过程或者思维流程写清楚，因为只有这样才能看到学生真正的思维状态并给予针对性的反馈。这样的题目对学生和老师的时间要求就会多一些，因此题目一定要精选。通常我每份学案（通常一周一份）中涉及的题目只有 5 道左右。这一部分也记 1 分，给分不仅根据准确率，也根据思维过程的表达清晰程度。

第四，课后提问。这里不是指对学生的课后提问，而是让学生对老师的提问。学生的提问往往比回答更能够体现学生的思维。这一部分同样记 1 分，根据问题所体现的思维含量给分。如果提出的是随处可查的事实性问题，则这一部分不得分。

这样一份学案，通常这四部分加在一起是 A4 纸两面。我的一个学生曾经说做我的作业花费的总时间不算长，但“单位面积”上花费的时间是最长的（即答题的内容较少但答题的时间较长）。我想这应该是一种比较理想的状态：这说明这样的作业可以促使学生多思考，同时减少盲目机械的练习。

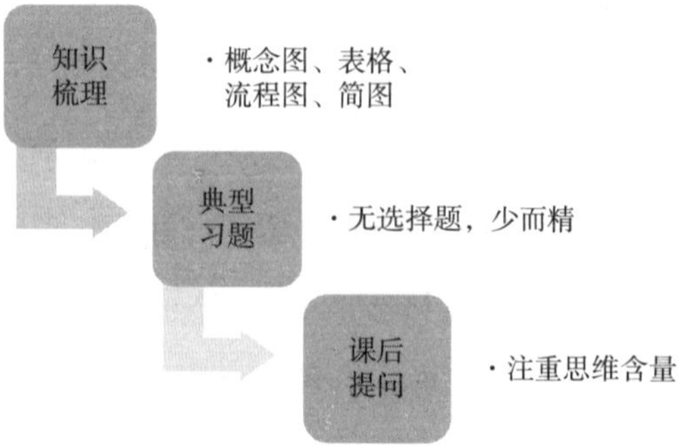

图 6　学案作业记分部分

三、构建高效课堂的管理策略

我们已经明确了高效课堂的标准，也介绍了构建高效课堂的具体方法，那么从学校层面来讲，如何帮助教师更有效地实施这些方法以达到高效课堂的标准呢？站在一个基层教师的角度，我建议学校可以从更新理念、建立制度、赋予空间、加强协作、提供工具这五个方面搭建一整套的支持系统。这五个方面并非互相独立，而是相辅相成甚至彼此融合，从而构成一个协同工作的完整系统。

1. 更新理念

首先，学校应该帮助教师确立明确的方向，也就是有利于提升课堂效率的教学观。帮助教师更新理念的具体途径可以是：外部讲座、工作坊、内部分享、制度渗透等。讲座的信息密度最大，如果没有后续跟进，就难以形成长期效果。工作坊有很高的参与性，但如果引入外部的组织者和主持者，成本较高。

相比外部输入，新理念在学校内部的生长才是根本。学校应该为教师搭建分享交流、相互激发的平台，像学科组会、备课组会、跨学科甚至跨校的交流活动。需要注意的是，在分享的过程中，学校需要进行方向引导以保证所分享的内容、对内容的反馈都与倡导的理念相关，避免漫谈。

在各种教学和教研制度中，若能渗透高效课堂的理念，那么教师就会在执行过程中潜移默化地内化，进而习惯成自然。我们接下来详细介绍。

2. 建立制度

如果说理念是教学支持系统的灵魂，那么制度就是其骨架。学校的各种制度中有很多是与教学直接相关的，至少包括以下这些：

- 课程制度。根据“基于目标，追求理解”的原则，无论是已有课程实施还是新课程开发都应遵循目标导向的原则，即先确定课程总目标，再细化课程内容标准，然后制定标准评价方案，最后建设课程资源（见图 7）。特别注意，总目标应以对关键概念的理解（即核心素养的养成）为核心，而对内容标准的细化则推荐此前讲解的 KUD 模式。

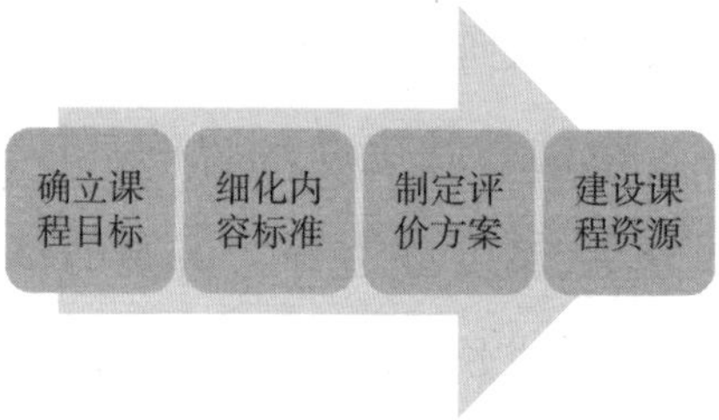

图 7　目标导向的课程开发

- 备课制度。我们提倡教师以 UbD 单元模式书写教案（见图 8）。UbD 是英文 Understanding by Design[①] 的缩写，顾名思义，它可以帮助老师进行有利学生理解的教学设计。这一模式所倡导的备课流程是从对大概念的理解这一最高目标出发，利用一系列基本问题确立教学目标，然后设计理解性目标的评价任务，最

① 参见：格兰特·威金斯，杰伊·麦克泰格著，《追求理解的教学设计（第二版）》，华东师范大学出版社，2017。

后根据评价任务的需求设计学习计划。这种方式将评价方式设定在学习计划之前，与传统的备课习惯相反，因此也叫作“逆向设计备课”。此外，我还建议学校采用电子备课，最好在统一的平台使用统一的模式进行，这样可以最大程度保留教师的教学数据以便不断积累和迭代。

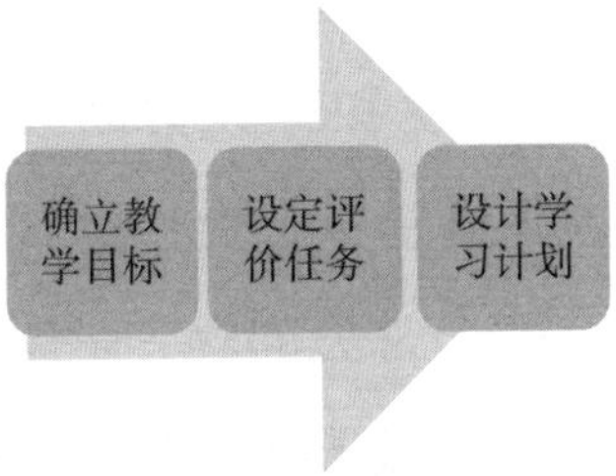

图 8 UbD 模式下的备课流程

- 评价反馈制度。高效教学的策略之一便是有效反馈。过程性评价本身应该有制度保障，因为这是最能即时而精确收集学习数据的手段，也是教师进行及时、充分、有针对性的反馈的依据。
- 研修制度。学校应该对教师的职业发展有清晰而科学的规划。通过有效的培训及内部分享实现教师理念的更新及教学水平的提升。

3. 鼓励探索

制度保证底线，但同时又必须为教师个性化的探索留出足够空间。我认为，上课方式应该由教师做主，不应做任何硬性规定，因为没有一种模式可以适合所有内容、所有老师、所有学生。而学校应该鼓励老师们大胆尝试各种模式、方法和工具，并坚持自己的风格。当然，大胆尝试必须以小心求证为基础，要思考新方式是否能促进学生理解，是否能保证目标的达成，是否适合学生的情况等等。殊途同归，定好终点，而路径应鼓励探索。

4. 加强协作

中外很多研究都表明集体协作是提高教学的有效方式。但现实情况是很多老师认为集体备课等活动收益很少，浪费时间。对此，学校应该建立完整的制度和工具帮助教师进行有效的集体教研，并提供相应培训，从而搭建一个良性运转的系统。

以集体评课为例，有两个常见问题：一是大家都说好话，怕得罪人；二是内容缺乏针对性，评课变漫谈。对此，我建议学校优化两个方面的工作：第一，规定评课流程；第二，规定评课维度，甚至提供量表。

我一般要求评课遵循以下流程（见图 9）：确定核心目标（目标）——讨论达成目标的课堂应具有哪些现象（愿景）——讨论课堂的实际现象与预期现象的吻合度，分析优缺点（差距）——提出针对缺点的可实施的改进建议（计划）。并且，每次评课会都需要留存规定格式的会议记录，并且设置规定时间的个人独立思考时间和分享讨论时间。

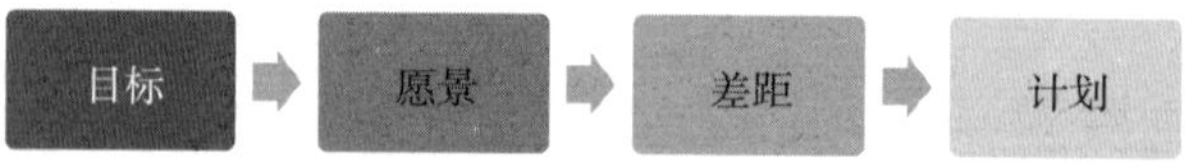

图 9　评课流程图

5. 提供工具

上面提到的评课会议模版、评课量表、UbD 备课模版其实都是工具，工具的背后是理念。工具可以大大提升效率，既可以为学校和教师的工作节省时间,也可以让理念更容易落地。

工具的另一个用途是数据收集。对于建立“基于目标,追求理解”的高效课堂而言,应围绕“课程标准”建立一系列数据收集工具,使之形成紧密协作的系统。下图是均优教育研究院开发并应用的一套工具系统(见图 10):

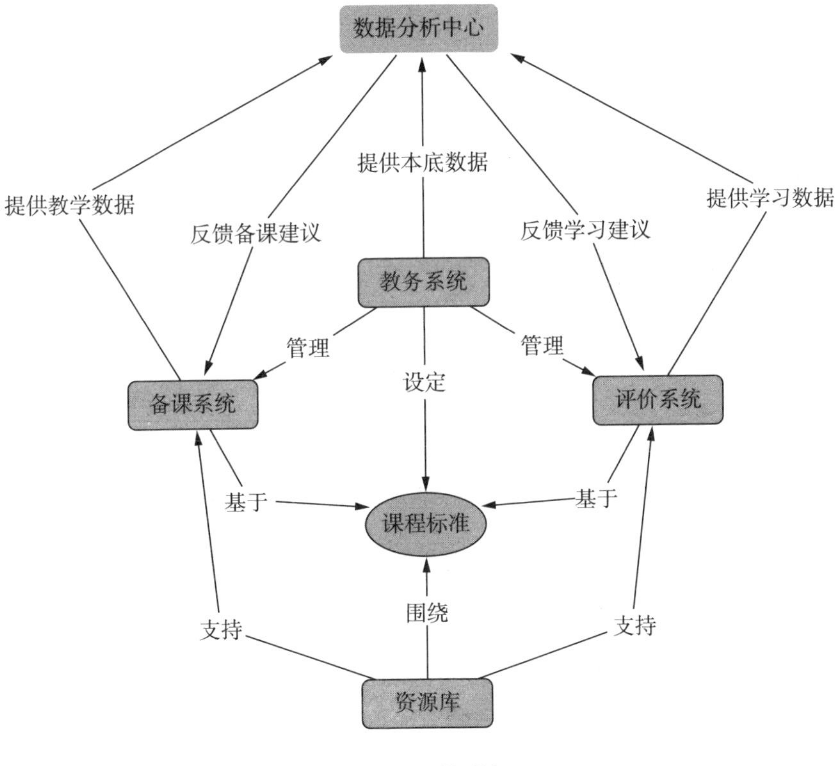

图 10 工具系统

以上就是有关构建高效课堂的一些理念、方法和模式。在学校真正实现升级变革不是一件容易的事情,如何引发学校与这些理念、方法和模式之间的化学反应?如何克服达成这些目标的障碍?这就需要学校管理者的决心、耐心与恒心,外加一定的策略、工具和方法。但每个学校的问题各不相同，应该依据自身存在的问题去设立切合实际的目标，并以目标为导向解决问题，我个人比较推荐用下面所示的问题解决模式来思考（见图 11）。

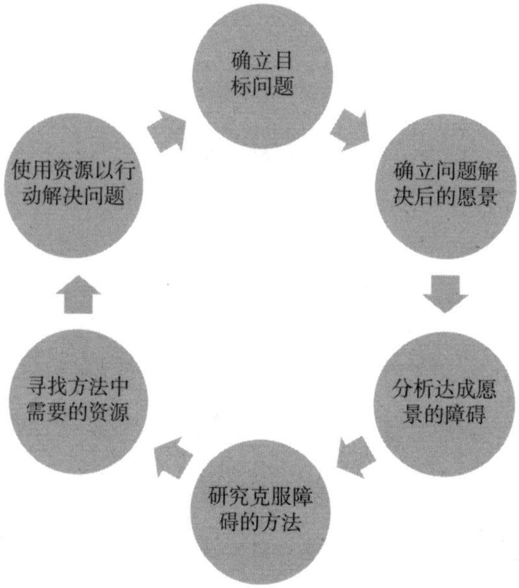

图 11　问题解决模式

最后，学校的任何一项改革都需要人来完成，无论是学生、教师、校长、家长甚至社区；任何制度、方法、技术、工具、环境的构建，最终的目的也是服务于人，帮助教师提升教学水平以及帮助学生取得学业成就。因此，以人为本是一切学校改革的基础，也是构建高效课堂的原则，这一点值得我们长记在心。

理想课堂

——师生精神成长的地方

杜静卉 / 中学语文高级教师　均优教育研究院顾问

课堂，是老师和学生围成的一个生命场。理想的课堂是什么模样？是老师和学生在这个生命场里彼此唤醒，彼此摇动，共同生长。

两千多年前的孔子与四位弟子的一次谈话正是一个理想课堂的模样。

一、目标明确有意义

《四子侍坐》的开篇写道：

子曰："以吾一日长乎尔，毋吾以也。居则曰：'不吾知也！'如或知尔，则何以哉？"

这段话的意思是：孔子对他的弟子们说，不要因为我比你年长，你们就不敢讲话，你们平时总是说没有人了解你们，现在机会来了，假如有人了解你们，你们打算怎么做？我们从这段话中能够看到，孔子一开始就提出了一个很明确的、有意义的话题，这实际上就在设定这一节课的目标和任务。

所以，一节理想的课堂，首先要有一个明确的、有意义的目标。

什么是目标明确呢？我们一节课只有40或45分钟的时间，在这短短的几十分钟中，我们能做些什么呢？有些老师在一节课中设计了很多的教学目标，面面俱到却又面面不到。这样的课堂，学生的眼神都是游离的、麻木的、毫无触动的。这就提醒我们在设定目标时一定要明确，是要确保学生在课堂上有思考、有获得、有深刻的体验。目标明确，才能确保学生一课有一得。

什么是有意义呢？有意义即关乎生命。孔子问学生"如或知尔，则何以哉？"弟子们平时发牢骚，认为人们不了解我（不吾知也！），所以没有什么作为。孔子就根据弟子们的情况，顺势发问"如果有人想了解你，你打算怎么做？"这个问题与个人的发展息息相关，这就是关乎生命的。有老师说孔子的时代没有考试，所以孔子教学的内容可以讲情怀，而我们现在却要面对高考、要应对考试、要提高分数，我们不可能像孔子那样发问。其实，考试何尝不是关乎生命的呢？我们设定的教学目标可以切实有效地提高学生的考试成绩吗？还是我们不过是漫无目的、不加选择地拿来大量的试卷填满一节又一节本该让生命绽放的课堂？其实，无论哪个时代，考试都是不可逃避的存在。只不过有的考试是书面的、有形的，有的考试是生动的、无形的。和人闹矛盾了，应该怎么处理？至亲离世了，又怎么平复心情？生活中难以逾越的障碍，怎么过关？这些都是考试，而且是几乎没有人能帮到的考试。所以，考试不能成为我们教学不动脑不动心的借口。关照学生的生命是教育的应有之义，这样我们培养出来的才是健康美好的人，而非机械的知识吐纳机。

二、学生行动有热情

孔子提出问题后弟子的表现是怎样的呢？先是“子路率尔而对曰”，然后是冉求、公西赤、曾点的回答。我们可以看到，在孔子的课堂上，学生在思考，在行动，畅所欲言，各抒己见。

所以，我们说“理想的课堂”应是以学生为主体、学生行动有热情的。

什么是“行动有热情”呢？是学生各司其职、各显身手，热情地、全力以赴地投入到课堂中。而现实中我们常常在课堂上看到这样一种现象：老师在点名提问，被提问到的学生一脸倒霉地回答问题，其他学生都觉得是“他”在发言，而自己只是旁观者，和自己没什么关系，甚至暗暗庆幸那个被提问到的倒霉蛋不是自己，然后老师再跟“他”一个人对话，跟其他所有的人都没有关系。在“行动有热情”的课堂上，老师的提问可以激发学生，问题与学生息息相关，关乎他们的生命和人生，学生就会积极地行动起来，热情地去投入。

三、教师节制有高度

在理想的课堂上，学生是行动有热情的，那么教师要做什么呢？

我们可以回到《四子侍坐》中，看看孔子做了什么：一是孔子在问每一个弟子的想法，“求，尔何如？”“赤，尔何如？”“点，尔何如？”二是孔子对弟子回答的反应与点评，夫子哂之，夫子喟然叹，曰：“为国以礼……孰能为之大？”我们可以看到，孔子没有喋喋不休，而是在最后曾点留下来单独请教时才三言两语、高屋建瓴地给予弟子点拨和引领。

所以，理想的课堂，教师是有节制、有高度的。

首先，“教”要节制。我们试想一下，如果我们在学车时教练一直教你怎么操作，却不给你上车实战的机会，我们怎么可能会学会开车？同理，如果只是教师一个人讲讲讲，却不给学生思考和表达的机会，学生如何学会？教师的“教”是三言两语、切中肯綮，所谓“好刀用在刀刃上”，教师的话一出口，要对学生有直接的指导意义。节制，就要节制自己的讲话，让学生可以有更多的思考和表达的空间。所以，“教”是三言两语的点拨到位。

其次，“师”是德高为师、身正为范。教师要有高度，要高屋建瓴。我们看到在《四子侍坐》中，弟子们各抒已见，孔子则在认真倾听，说话很是节制；当曾点最后单独留下来向他请教时，他才对其点拨、解其疑惑，但短短的几句话就令学生茅塞顿开。我们作为教师，要思考学生有没有通过你的点拨，收获了人生的勇气、坚韧、幸福、同情和爱？这样的教学才能超越考试，在潜移默化中让他们学会处世为人之道，触摸到广袤人生的脉搏。

因此，教师对待生命的态度、对待生活的态度、对待自然的态度、处理事情的态度，都会不经意地对孩子产生着不可估量的影响，我们是在用自己的认知塑造学生；而另一方面，跟青春洋溢、花样年华的孩子们在一起，他们的热情、创新、开拓、多变，也会塑造着我们。教育的神奇和魅力也正在于此。

综上，理想课堂的模样应是目标明确有意义的、学生行动有热情的、教师节制有高度的——是师生在心灵和精神上能够共同成长的殿堂。这样的课堂上，老师不会因比学生年长很多就可以俯视学生、不尊重学生，而是以开放的、包容的心和学生共同成长。面对一个不爱学习的学生，老师应该怎么办？嘲笑他们笨或基础差吗？当然不是，俯视的心态只会让老师离学生越来越远。当学生面临这样或那样的问题时，老师应俯下身来，设身处地去帮助学生想办法，哪怕只有一点点改变。要让学生愿意见到你，愿意走进你的课堂，愿意听你讲话，而老师也会因为自己的发光发热收获另一种成长。所以，即便在偏僻的地方教书，也能感受到自己作为老师的神圣与闪亮。

“莫春者，春服既成，冠者五六人，童子六七人，浴乎沂，风乎舞雩，咏而归。”这是孔子赞许的曾点的理想，这何尝不是我们该追求的理想的境界？

PBL 是最好的教与学方式吗？

徐　莉 / 课程设计师　课程教练　课程发展顾问　专栏作者

1

2017 年初，通过 Aha 社会创新学院顾远发起支持的“群岛社会化学习城市论坛”，《极有可能成功》这部教育纪录片在许多城市热映。影片向大众展现了美国 High Tech High 学校采取 PBL 教学模式获得的成功，带动了中国内地教育圈的 PBL 热。周贤在《为什么 PBL 本质上是关于自由的教育》一文中介绍，PBL 首先出现在医学教育领域。强调不论是问题导向学习（Problem-Based Learning），还是项目导向学习（Project-Based Learning），都是围绕问题组织学习过程，将问题作为起点的。并尝试回答了几个重要问题：什么样的问题更有价值？什么样的学习更有价值？如何开展协作？如何总结评价？

进一步考究，PBL 的基本原则不仅仅只是“问题导向”，至少还应包括：“学习过程中允许学习者自己作出多种决定”“程序知识和内容知识的统一”“必须让学生有大量的操作”等诸多方面。此外，研究和实践 PBL 关涉一系列专题：如何实现杜威主张的“做中学”、如何进行弹性适应的教学设计、如何设计建构主义的学习环境、如何开展小组合作学习等等。我最不乐见的是，任何一种模式的兴起，纷纷效仿的往往是程序步骤，而常常被忽略的，是对基本原则及其核心价值的考究。

就像小组合作学习，并不是几个人团团坐之后，合作学习就自然发生了。几个人聚在一起，可以做团队项目，一起做实验，展开头脑风暴，进行角色扮演和有指导的小组讨论等等，也就是说小组合作学习能够容纳很多教与学的方式，而判断教与学方式是否合适，则需要进行教育观察，评估不同的教学方式作用于学习者，令不同的学习者以怎样的方式学习什么内容，合作和学习的目标是否达成，合作是否对学生学习有所助益。

PBL 也是，实施过程中必然有大众偏好的学习方式——探究、小组讨论、清晰表达、表演展示、反思，也有传统的教学方式——教师示范、指导、提供学习支架……如果我们缺乏教与学方式的基本知识，一味挑拣、放大我们偏好的学习方式，在复杂的实践中只关注流程，就很难作出专业判断，什么是真正有价值的学习，发现并给予学习者积极地回馈。而当预期的学习没有发生，预期的目标没有达到的时候，我们也很难作出适当的调整。

2

在长期的教育观察中发现，教育实践中普遍存在教与学方式单一的问题，并不因为推行 PBL 就有实质性的改变。

在主持教师专业发展活动的时候，我让教师们写下自己常用的教学方式，他们往往需要许久，一是感到很难将教学方式和学习方式区分开来，这很正常。其次，感觉自己日常使用的教学方式有很多，但一时想不起来了。也就是说，教师实际使用的教学方式远比他们能够意识到的要多，教师在选择教学方式的时候更多是凭着经验直觉。正是因为鲜少“刻意”，教师个人的受教育经历和工作后的行为情境，特别容易让教师形成路径依赖，陷于单调重复。

为了帮助教师们“刻意”选择更为多样的教学方式，我将常用的教学方式列一个清单，请教师们勾选频次，然后将很少、从不使用的教学方式专门提取出来讨论，大家一起做归因分析：“为什么我们很少甚至从不选择使用这些教学方式呢？”

“很少”“从不”的背后，有自身知识技术方面的不足：“我不知道这种学习方式”“我不会使用这些学习方式”；有外部条件限制：“这种教学方式需要更灵活的课程安排，我们 40 分钟为单位的教学几乎不可能完成”；还有学生能力、兴趣方面的顾虑：“我的学生年龄比较小，这种教学方式不适合他们”；等等。这种讨论是有益的，让教师从无意识地选用到有意识地学习专业知识，拓展经验，分析、比较。活动的最后，我会建议教师们将这张清单贴在备课本的扉页或者末页，“刻意”地创造条件，将那些之前觉得可能不合适、自己从未和很少选择的教学方式付诸实践，并记录。

之所以强调教师“刻意”的选择，推动教学方式多样化，是因为，其一，没有证据显示哪一种教学方式是最好的，每一种教学方式都有自己的优势和局限，都有自己的适用条件。其二，教学方式多样化能够提供丰富多样的学习经验，满足不同风格学习者的学习需求。其三，在不同的学习活动中，学习者的不同表现，能够帮助我们更好地观察和评估学习者的能力水平。

一个常识——PBL 不能直接等同于“先进的”和“最好的”教学方式。

事实上，好的讲授式教学优于差的 PBL，有研究表明，中华文化背景下，即使是大量的讲授式学习，也不会抑制学生自主学习能力的发展。一个能够理解并满足学生学习需求的优秀教师，用讲授式教学，同样能极大促进学生自主学习能力的提升——含学习内在动力这个维度。

PBL 只有在实践中体现其许诺的价值才是好的学习方式。当 PBL 成为教育创新热点，不能忽略，即便大量采用 PBL 的教学方式，实践中同样普遍存在教与学方式单调，学习目标和学习内容散乱的问题。只是从过度关注知识技能的掌握，转为过度关注课程组织形式的变化和完成既定教与学流程。虽然课程形态看起来完全不一样，但是对于师生而言仍然是糟糕的体验。

需要谨慎的是，激进地把所有的学习内容都放入 PBL 的框架中施行，把所有学科主题的学习，全转为基于问题解决的跨学科学习，从一个极端走到另一个极端，不考虑适切性，并在这样的“一刀切”之后，再将教与学的丰富复杂简化为机械的步骤流程。作为一所公立学校，执行国家课程标准，使用统一教科书，是没有多少讨论空间的变革前提。统一的课程标准、统一的教科书、常态的孩子和老师，在教与学方式没有多少变化的情形下，仅仅把全部学习内容整合到一起了，就能大幅提高教与学的质量？这不可能。

另外，大量教师要在不熟悉不了解 PBL 流程及价值时陪伴并支持学生学习，不断作出调整，这种身心压力导致的混乱是相当长的时间里需要面对和克服的挑战，这个压力必须控制在一定范围内，才是积极促进变革的力量，而不是长期习得性无助导致的全面溃败。

3

相较而言，在教师培训领域推广 PBL 的教学方式，其实更为迫切。特别希望，对教师的专业支持帮助不再是主流的讲座，而是用 PBL 的方式。专家和教育管理者持续地和教师们一起工作，运用多样的教与学方式，和教师们一起解决教育教学中的实际问题，实现内容知识（专业知识技能）和程序知识（解决问题的过程与方法）的统一。其实，教师和学生一样，也缺乏 PBL 的学习经验，只有通过参与和体验式学习，在解决问题的过程中学会解决问题，才能更好地完成知识技能的更新。

PBL 的推进，还必须伴随着整个组织责任与权力的重新分配，只做做教师工作坊，之后如果缺乏学校系统性的整体变革，推行 PBL 就会成为一种只流于表面的变革。只有管理者逐步将学校的事务，将学校管理运营的责任，特别是决策权，分解到具体项目中，落到具体的项目负责人也就是教师身上，通过学校整体的变革，实现利益相关者多方角色和责权的变化，才能体现 PBL 的核心价值。PBL 看重的应是在有组织的无序状态下解决问题，管理者有意识地推动有序与无序的动态平衡，从自上而下单向的管理，转变为管理者和教师的相互调试，以获得更好的工作表现，这样，得到足够决策权和自主权的教师，才会真正把决策权和自主权赋予学生。

查尔斯·M·赖格卢斯在美国西北大学学习科学研究所的报告《做中学》的前言后面，给了这样一句评注：“为基于项目的学习的所有主要方面提供了行动纲领。”这个前言部分，是罗杰·C·香克、塔玛拉·R·伯曼、金伯莉·A·麦克弗森团队开发的一个教学构架，称作基于目标的场景(goal-based scenarios，GBSs)设计要素。推荐给致力于践行 PBL 的同行借鉴。

海外学校管理机构崛起

赵小莉 / 均优教育研究院研究中心主任

瑞典的摩尔是九年级学生，也是一名游泳运动员。她的学校允许她灵活安排上课时间，以避免和她的游泳训练或比赛时间冲突。

美国的诺亚每天早晨 7:30 上学，下午 5 点才放学，比朋友们上学时间长出许多。

肯尼亚的瓦蕾特上的是一所私立学校。不过，学校每月学费只要 6 美元，她的家庭完全可以负担。

这三名学生有什么共同点？答案是，他们都就读于连锁学校——由专业学校管理机构举办、中心化管理的系列品牌学校。

从 20 世纪 90 年代开始，由学校管理机构举办、民办或者民办公助的连锁学校在很多国家开始发展壮大。连锁学校的发展主要得益于两个因素：对民办学校的鼓励和扶持政策，以及特定国家和地区公办学校的失败。

在美国、瑞典等发达国家，自由或特许学校政策的出现是连锁学校得以发展的决定性因素。瑞典在 1994 年开始实施教育改革，允许私人办学。政府按学生人数对学校进行拨款资助，学校不向学生收取学费。此类学校称为自由学校。在美国,特许学校是由教师、家长、教育专业团体或其他非营利机构等举办运营,由政府负担经费的学校。对自由学校或特许学校的政策和经费扶持,是为了打破公立学校一家独大的教育生态环境,促进教育形态的多元化,促进学校创新变革,为学生和家庭提供多样化的教育选择。自由学校和特许学校除接受政府的督导和评估之外,在课程和管理等方面具有较大的自主权。因此,这些学校往往独具特色,以其创新理念和实践赢得学生家庭的支持。成功的学校扩张并复制,最后形成由中心机构管理的系列连锁学校。

在发展中国家,私立连锁学校则成为对失败的公立学校系统的回应。以肯尼亚为例,自 2003 年实施免费义务教育起,学生人数急剧上升,导致公立学校系统不堪重负,教育质量低下。在这种形势下,作为连锁学校的桥梁国际学院(Bridge International Academies)应运而生,通过中心化的课程和教师管理节约开支,实现低成本、可复制的学校运营,为当地学生提供了可以负担的高质量教育资源。

接下来我们将介绍三组连锁学校:知识学校(瑞典)、KIPP 学校(美国),以及桥梁国际学院(非洲、亚洲多国),从中管窥系列连锁学校办学和运营特色。

瑞典知识学校

1999 年,瑞典企业家佩耶创建了 Kunskapsskolan(知识学校)。知识学校认为,每个人都是不同的,他们有着不同的学习方法和学习速度。而学校的任务是迎接这一挑战，为每个学生提供适应他们个人需要的教育，即个性化的教育(见图 1)。

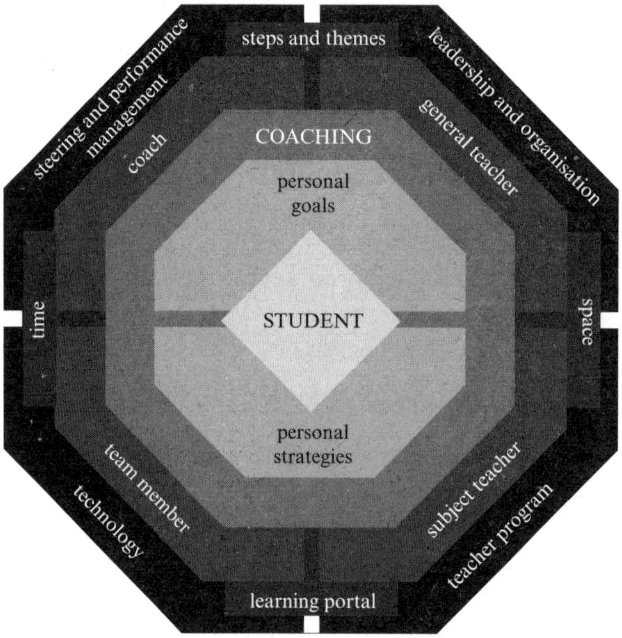

图 1　知识学校学习系统

在知识学校，实现个性化教育的关键在于个人目标的设定与实现。知识学校的每名教师都担任 20—25 名学生的导师；学生和导师、家长一起，根据自己的学业水平和兴趣爱好，设立短期(每周)、中期(每学期)和长期(到中学毕业的时刻)的学习目标，然后制订个性化的计划来实现这些目标。每个学生的学习时间表不同，学习策略、方法和途径也不同。每周学生都要和导师进行一对一的会面，回顾学习的进度，检验目标是否实现，通过反馈及时调整自己的学习。

学校的瑞典语、数学和英语课程划分成较小的学习单元；其他课程则按主题划分。针对每一个学习单元或主题,学校的在线学习门户都为学生和教师提供了丰富的学习资源,包括:这一单元要实现什么学习目标,学生要如何展示自己已经达到了这一学习目标,以及练习等。这些学习资源可以帮助学生设立自己的学习目标,也给教师提供了检验学生是否达到学习目标的评价标准。如果学生学习某一单元有困难,可能需要更多的学习时间,也可能是之前的内容掌握得不牢固;这时学生的导师就需要和任课老师一起帮助学生调整学习计划,以达成学习目标。

每个学生都有不同的时间表。一般在早晨以班级(一个导师的所有学生)为单位,有 40 分钟的晨会时间,大家会讨论当天的学习计划以及时事新闻等。之后学生会按自己的时间表进行不同的课程学习。学习的方式也是多种多样的,有讲座,小组学习,自习等,也有 100 多人的大课。不过,学生不能总是和他人一起学习,也不能总是独自一人学习;他们必须能够独立学习,也能够与他人合作。

这种个性化的学习模式取得了巨大的成功。2010 年,瑞典知识学校里 20 所中学中的 18 所都在所属的城市或学区获得了最高或第二高的成绩,同时也保持着极高的学生、家长和教师满意度。目前,Kunskapsskolan 在瑞典运营 36 所学校,在全球运营近 80 所学校。

| KIPP 特许学校

1994 年,两名充满教育理想的年轻教师 Mike Feinberg 和 Dave Levin 在美国休斯敦的一所公立小学里,为两个班级的学生开办了一个独立的学习项目,即 KIPP(Knowledge is Power

Program)。到 1999 年，这个项目扩张成为两所初中。两所初中的学生在学业上取得了极大成功，引起了全国的关注。2000 年，KIPP 获得企业家捐助，成立了 KIPP 基金会，其学校模式开始在全国复制。今天，KIPP 在美国二十多个州拥有 209 所学校，是美国最大、管理学校数和服务学生数最多的非营利性学校管理机构。

KIPP 学校专门服务于城市低收入、以少数族裔为主的社区，学生中 95％是黑人或者西班牙裔，88％学生来自中低收入家庭。长期以来，美国的很多中心城市陷入贫民窟化，中心城市往往是少数族裔和贫困人口聚居的社区。在这里，家庭和学校教育全面溃败，青少年对学校和学习不感兴趣，既没有意愿也没有能力上大学。辍学、失业、贫困在这种文化环境中代际传递。

KIPP 正是在这种环境下创造了奇迹。5 年级入学时，只有 45％KIPP 学生的阅读成绩超过全国平均值，38％学生数学成绩超过全国平均值。8 年级时，68％学生阅读成绩超过全国平均值，67％学生的数学成绩超过全国平均值。KIPP 的学生高中毕业、上大学、从四年制大学毕业的比例分别是 93％，80％，38％，远高于同等经济背景学生的平均值（76％，45％，10％），也高于全国平均值（92％，66％，36％）。

KIPP 的教育模式强调五大因素：

● 高期望值。与美国的大多数学校不同，KIPP 对“上大学”极为重视，相信上大学是低收入家庭的孩子“逆袭”的主要通道。因此 KIPP 强调学业成功，期望每一个孩子都能上大学，对学生在学业上高标准、严要求，这一点是美国城市公立学校所缺乏的。每个学生及其家庭都和学校签署承诺书，为彼此在教育中的责任和角色做出承诺。每个 KIPP 的学生都承诺不懈努力，追求卓越。

● 人格培养。KIPP 的口号是“努力工作，好好做人（Work hard. Be nice.）”，相信个人品格和学业成就一样，是学生未来成功最重要的因素。研究显示，对幸福和成功生活最重要的七种个人品质为：热情、坚韧、乐观、自控、感恩、共情和好奇。KIPP 学校通过反馈和干预，着意培养学生在这七种品质上的成长。

● 高效的教师及学校领导者。KIPP 与众不同的教育理念和实践需要与众不同的学校领导者和教师支撑。因此，KIPP 为教师和学校领导者提供多种培训、交流以及资助，以满足学校发展的需求。

● 支撑学习的校园环境。KIPP 最广为人知的特点是上学时间长，一般7：30上学，5：00 放学，每天比其他学校长 2—3 小时。学校在部分周六也上学，暑假补课三周，我国舆论对此甚至有“美国的衡水中学”之讥。此举主要是为了给学生创造更好的学习环境，因为美国低收入阶层学生所处的文化环境和家庭环境都对学习不利，学校通过延长学习时间，保证学习效果。

● 生涯规划和支持系统。KIPP 重视生涯规划和咨询服务，帮助学生选择适合的大学，并为大学生涯做充分的准备。

桥梁国际学院

桥梁国际学院创办于 2008 年，是营利性企业。利用信息技术的规模化效益，桥梁国际学院在肯尼亚、尼日利亚、乌干达和印度等发展中国家成功运营管理数百所学校。这些国家的公立教育面临的问题主要是教师素质低，基础教育质量低下。因此，桥梁国际学院的商业模式主要是通过标准化教师培训和管理流程，以实现低成本下的基本教育质量。桥梁国际学院在美国进行中心化的研发，每名教师使用平板电脑获得每一课的课程内容和教师指南，以此为基础进行教学。利用平板电脑，桥梁国际学院还得以收集教师教学以及学生学习的数据，据此进行教师管理，同时提供实时教学支持。学校的财务人员也由总部统一管理。

桥梁国际学院创建了一种低成本、高度标准化的办学模式，以数据和信息技术驱动，能够快速规模化复制。中心化的学校管理机构控制整个供应链，从学校建设、课程开发到教师培训，以此降低运营成本。在肯尼亚，每名学生每月平均支付 6.6 美元学费。2016 年，桥梁国际学院在非洲共运营 450 所学校，服务 10 万名学生。预计完全覆盖其运营成本需招收 25 万—50 万学生。

桥梁国际学院在低成本下实现了较高的教育质量。在标准化测试中，桥梁国际学院的学生比同地区学生平均成绩高 0.09—0.31 个标准差。2015 年，桥梁国际学院有 19 所学校在肯尼亚小学毕业考试的通过率是 100%，76%的学校通过率在 70%以上。

规模化的学校管理

学校管理机构是运营管理多所学校的专业教育组织。学校管理机构一般为学校提供课程研发、信息技术应用、教学数据分析、财务、招聘、人力资源管理、市场营销、资产管理等方面的管理和服务，简化了学校的运营职能，使学校可以专注于教育教学。从知识学校、KIPP、桥梁国际学院三个例子中可以看到，运营得当的学校管理机构可以节约成本，实现学校的规模化复制，同时还可以成为教育创新的试验田，为学校带来根本性的变革。

那么，由学校管理机构运营的学校是否教育质量更高呢？斯坦福大学教育质量研究中心 2017 年的《特许学校管理机构》研究报告对此进行了研究。报告指出，美国的连锁特许学校有三种不同的运营模式：其一是学校管理机构举办多所学校，并直接运营这些学校；其二是学校管理机构举办多所学校但不直接运营，交由第三方委托管理运营；其三属于前两种的混合，学校部分业务由举办者运营，部分由第三方运营。在 2014—2015 学年，美国特许学校中独立学校占 68%，直接管理型占 22%，委托管理型占 8%，混合型占 1%。根据对学生各项学业成就的分析，报告有以下发现：

- 总体而言，特许学校学生学业成绩高于公立学校；
- 连锁特许学校比独立特许学校的学生学业成绩稍高；
- 在连锁学校中，直接管理型学校的学生学业成就高于委托管理型；
- 混合型学校的学生学业成就最高；
- 不同的连锁学校学生学业成绩差异很大。

从这些发现可以看到，连锁学校集中管理的模式在一定程度上能够提高教育质量。在学校管理机构自运营的基础上，引入第三方机构运营学校部分业务，结合双方的优势，可能对提高教育质量有积极作用。近年来，我国部分民办教育集团、教育咨询机构以及教育品牌授权机构正向专业化学校管理机构发展。凭借学校管理机构提供的专业服务及资源，学校可能实现运营成本降低及教育质量提高，具有积极的社会效益。

如何让你的学校从优秀到卓越？

朱永新 / 著名教育家　新教育实验发起人

最近均优教育邀请我为校长推荐书目，我首先想到的书之一，就是这本《从优秀到卓越》。

作者柯林斯和他的研究团队，针对“对于那些业绩平平的公司，如何才能实现从优秀到卓越的跨越？”的问题，用了长达 5 年时间进行了一项规模巨大的研究。他们阅读了近 6 000 篇文章，记录了 2 000 多页的访问内容，创建了 3.84 亿字节的电脑数据，对 1965 年以来《财富》杂志历年 500 强排名中的 1 400 多家公司进行了深入研究。

研究结果令人震惊——只有 11 家公司实现了从优秀业绩到卓越业绩的跨越。这些公司在 15 年的时间里，公司的平均累积股票收益是大盘股指的 6.9 倍，而像 GE 这样举世闻名的大公司也只有 2.8 倍。

这些实现跨越的公司为什么会比那些公司中的巨星，如英特尔、可口可乐等企业表现得还要优异？柯林斯将这 11 家公司与那些实现跨越但并不能持久的公司和未能实现跨越的公司进行了对照研究，分析了实现这一跨越的内在机制。

一、优秀是卓越的大敌

《从优秀到卓越》的观点是，优秀是卓越的最大的敌人。作者柯林斯说："我们没有卓越的学校，主要是我们有优秀的学校。我们没有卓越的政府，大抵是因为我们有优秀的政府。很少有人能过上美满的生活，基本原因是过上好生活很容易。绝大多数公司始终未能成为卓越的公司，全是因为它们绝大多数都是优秀的公司。"

究竟什么是卓越？柯林斯指出，对于社会机构来说，其关键问题是："我们是否出色地完成了自己担负的使命，产生了足够的影响？"

这些影响主要表现在三个方面，一是"杰出的成就"，反映在组织能否完成自己的社会使命，工作的成果是否明显，效率是否高。我们教育人也应该思考，我们能够做得更好吗？我们对学生和老师的服务到位了吗？

二是"独特的影响"，即能否为自己所服务的人群带来独特的贡献，成为地球上其他组织不能轻易替代的角色。反躬自问，我们教育人的独特性和不可替代性又表现在什么地方？

三是"历久弥新的活力"，即能够在相当长的时间内保持卓越表现，不受特定机遇、环境或者计划的限制，在遇到挫折的时候，能够迅速应对，并且变得更加强大。作为领导者，我也经常说，什么时候我的教育团队可以不需要我操心的时候，说明这个团队开始真正地走向成熟了。

我认为，之所以说优秀会成为卓越的敌人，不是优秀本身的问题,更不是优秀的错,而是"优秀"的心态会让人们满足,让人们没有危机的意识,让人们习惯地按照传统的方式运转。也正如作者所说,对于卓越的追求是一个动态的过程,永远没有终点,"一旦你以为自己已经非常卓越,那滑向平庸的过程也就开始了。"

如果我们以"优秀"自居而停滞不前,我们将永远无法到达卓越,这是柯林斯告诉我们的真理。

二、谦逊而坚韧:"第5级经理人"的启示

"第5级经理人"是柯林斯提出的一个非常重要的概念。他用一个金字塔形的结构将经理人分为五类:

- 第5级经理人——将个人的谦逊品质和职业化的坚定意志相结合,建立持续的卓越业绩
- 第4级经理人——坚强有力的领导者,全身心投入、执着追求清晰可见,催人奋发的远景,向更高业绩标准努力
- 第3级经理人——富有实力的经理人,组织人力和资源,高效地朝既定目标前进
- 第2级经理人——乐于奉献的团队成员,为实现集体目标贡献个人才智,与团队成员通力合作
- 第1级经理人——能力突出的个人,用自己的智慧、知识、技能和良好的工作作风,做出巨大的贡献

第5级经理人与其他管理者的不同。这些人不事张扬,默默无闻,"都不爱抛头露面,但同时又表现出不惜一切要使公司走向卓越的坚定意志"。第5级经理人与第4级经理人的区别在于,他

们最关心的是事业、运动、使命和工作，而不是自己。“他们抛开自我的需要，投身到建立卓越公司的宏伟目标中。他们不是没有自我或自身利益，实际上他们个个都胸怀大志——但是他们的雄心壮志都是将公司的利益放在第一位，而不是首先考虑自己的利益。”

在柯林斯研究的那些毁灭或者持续平庸的公司中，至少有 2/3 出现过自我意识过于强大的领导。相反，卓越公司的领袖从不谈论自己。无论是与他们共事的人，还是写文章报道他们的人都不断地使用诸如“安静、谦逊、平和、沉默寡言、羞涩、和蔼、温顺、不爱抛头露面、不惹眼、不自以为是”等词来形容他们。

与谦逊同样重要的品质是永不放弃的意志。第 5 级经理人往往会被创造业绩的渴望所驱动，所感染，他们是一群为理想而愿意献身的人。只要能够使公司走向卓越，“他们会卖掉厂房或者解雇自己的兄弟”。其实，这又非常类似我们中国儒家文化推崇的外圆内方的个性。

在社会机构版中，柯林斯更加强调了领导必须“把谦逊的个性与职业献身精神结合起来的能耐”。他认为，在社会事业中，需要更多的真正的领导才能。真正的领导力，意味着在人们有其他自由选择的时候，他们仍然愿意跟你走。

柯林斯的研究发现，谦逊和意志力这两个看似矛盾的特质是卓越领导力的属性。作为校长，应该按照这个基本的原则重新塑造我们的管理文化。一方面，我们当然要追求我们的理想，永远不放弃；另一方面，又要保持谦逊的心态与姿态，学会在成功时看窗外，在挫折时看镜子。我一直说，我们每一个人都是学校的过客。

我们应该让学校更卓越，就应该不断寻找比自己更优秀的人加盟我们的团队。当我们老了的时候，看到学校的事业辉煌时，也能够像一位第5级经理人所说的那样："希望有一天我能站在自家的阳台上，看着世界上最卓越的公司说：我曾经在那儿工作过。"

三、"永远寻找最优秀的人"

柯林斯的研究小组原来以为，实现跨越的公司会从建立一套新构想、新策略入手，为公司提出一个新的方向、新的愿景和新的战略，然后寻找合适的人才，朝着这个方向前进。但是，在研究的过程中他们发现，这些卓越的公司往往并不是从"确定目的地"开始，而是从"选人"下手的。首先让合适的人上车(不合适的自然请下车)，然后才决定往何处去。

之所以这样做，是基于三个重要的原因：第一，如果你是从"选人"而不是"做事"开始的话，就更加容易适应这个变幻莫测的世界。如果优秀的人在一起，改变方向就非常容易。

第二，如果你有合适的人在车上的话，那么如何激励和管理他们就不再是问题。"合适的人是不需要严加管理或勉励的；他们会因为内在的驱动而自我调整，以期取得最大的成功，并成为创造卓越业绩的一部分。"

第三，如果车上坐的是不合适的人，不论你是否找对正确的方向都无关紧要，因为你还是不能拥有最卓越的公司。"光有远见卓识，而没有了不起的人，那也无济于事。"

柯林斯特别强调了人才的群体作用。他认为，公司不应该成为某个奇才的个人舞台。“1个天才与1 000个助手”的管理方式，往往不能使公司可持续发展。把公司的发展完全寄托在一个人身上，风险太大。

柯林斯对于人的道德品质非常重视。他发现，在挑选合适人才的问题上，那些卓越的公司往往看重的是道德品质的好坏，而不是学历背景、知识技能。因为这些公司知道，知识与技能是可以教会的，而“诸如性格、职业道德、基本智商、完成任务的决心以及其他的价值观，或多或少是天生的”。

在选择人才的问题上，柯林斯发现，这些卓越的公司崇尚的是“严格，但不冷酷无情”的文化。为此，他总结出了三条非常实用的用人原则：

原则一：若无法确定，则宁缺毋滥，保持观望态度。那些真正实现卓越的公司，尤其是他们的最终飞跃，靠的并不是市场，不是技术，不是产品，而是“招聘并留住好的员工”。一位企业家在讲述公司从中等到杰出的伟大转变的五个关键因素的时候说：“第一是人才，第二是人才，第三是人才，第四是人才，第五还是人才。”

原则二：一旦发觉换人之举势在必行，就当机立断。柯林斯指出：如果你发觉某人非要严加看管不可，那你一定是用错人了。因为好的部下是不需要管理的。他认为，实现跨越的公司不会追求“先普遍撒网，后重点培养”的领导模式，而是走这样的一条路线：“我们会事先花上大力气进行严格的人员挑选。一旦找对了人，就会想方设法把他们留在自己身边。如果不合适了，我们也会诚实地去面对，这样我们可以继续我们的工作，他们也可以继续他们的生活。”

原则三：将杰出人才用于抓住发展的良机，而不是解决你的最大难题。柯林斯发现，实现跨越的公司有着这样的习惯：把人才用于有最佳发展机会的事业上，而不是用于解决各种麻烦。而其他公司的行事风格恰恰相反，他们并没有认识到这样一个事实：解决现成的问题，只会使公司变好，而只有抓住机遇图发展，才能使公司卓越。

柯林斯关于先人后事的论述是全书最精彩的内容。的确，如果有人问我：对于教育来说，最重要的几件任务是什么？我也会说："第一是人才，第二是人才，第三是人才，第四是人才，第五还是人才。"

四、做一个把复杂问题简单化的"刺猬"

柯林斯从以赛亚·伯林的《刺猬与狐狸》一文中受到许多启发。这是一个古希腊的寓言：狐狸知道许多事情，而刺猬就知道一件大事。狐狸行动敏捷、力量强大、阴险狡猾，刺猬却行动迟缓、思维简单。刺猬在狐狸各种进攻面前总是采取同样的对策，但是总是能够战胜狐狸，其原因就在于刺猬的深刻与简单。

刺猬理念是一个简单、明确的概念，它来自对以下方面的深刻思考与理解。那些卓越的公司，会经常问自己这样的问题：

1. 你能够在什么方面成为世界上最优秀的。同样重要的是，你不能在什么方面成为世界上最优秀的。这个富有洞察力的标准远远超越了核心竞争力。仅仅拥有一项核心竞争力，绝不意味着你能成为世界上最好的。相反，你能做到最好的，可能不是你现在从事的。

2. 是什么驱动你的经济引擎。所有实现跨越的公司都拥有穿透性的洞察力，对如何最有效地创造持久、强劲的现金流和利润率了如指掌。

3. 你对什么充满热情。实现跨越的公司对引发它们的热情的活动全力以赴。关键不在于刺激热情，而是发现什么使你热情洋溢。

柯林斯把上述三个问题用三个交叉的环来表示。他指出，为了得到一个发展成熟的刺猬理念，我们需要全部的三环——工作的天赋、工作的动力和工作的热情。他说："如果你从事你永远不能成为卓越的工作而赚了很多钱，你将只能建立一个成功的公司，而不是卓越的公司。如果你成为某方面的权威，而你对它没有真正的热情，你就不会一直处于领先地位。最后，即使你对想要的充满激情，但是如果你不能成为最好的或者它不能创造经济效益，你会享受到很多乐趣，但是你不能创造辉煌的成就。"

刺猬理念告诉我们，一个要成为最优秀的目标、一种要成为最优秀的策略、一种要成为最优秀的意图或者一个要成为最优秀的计划，这些虽然重要，但是更重要的是对你能够在哪方面成为最优秀的一种理解。只有这样的认识，才能使我们"决心完全专注于我们能够超过别人的几件事上，而不是分散精力去做我们不擅长的，以满足我们的虚荣心"。

其实，作为校长也应该思考这样的问题，我们最值得做的是什么，我们能够超越别人的核心竞争力是什么？我们具有什么"不可替代"的品质与能力？

同时，刺猬理念告诉我们，在具有专注的品质的同时，应该有一套关于卓越的严格标准。校长同样应该明白，我们的学校"在哪方面真正有潜能成为最优秀的"，然后持之以恒地去做。

当然，在明确了自己应该做什么，并且坚持去做的同时，"激情"是一个非常重要的关键词。柯林斯提出，在所有实现跨越的公司里，"激情变成了刺猬理念的一个关键部分。"如果我们不能创造激情，也就不能刺激人们感觉激情。"激情"同样是我们教育人的关键词。在我们教育的词典中，理想与激情从来就是最重要的主题。

五、创造卓越的小气候

在一个技术主义横行的时代，柯林斯很惊奇地发现，在被访问的卓越公司中，80%的公司主管都没有把技术列为公司转型期必备的5大要素之一。柯林斯认为，无论技术如计算机、电信、机器人和互联网多么先进，"技术本身并不能够引燃优秀公司向卓越公司转变的火焰"。没有哪一种技术，可以带领你达到第5等级。没有哪一种技术，可以把不合格的人转变成合格的人才。没有一种技术，可以训练你面对严酷的事实的能力，或者是灌输给你坚定不移的信念。没有一种技术，能够代替对三环的深刻理解，并将这种理解转化到一个简单的刺猬理念中去。也没有一种技术，可以创造出训练有素的文化来。

文化远比技术重要。那么，什么是"训练有素的文化"？柯林斯提出了以下四点：1. 建立一种在框架下实现自由和责任的文化;2. 这种文化中的人们自律性高,愿意全力承担责任,他们将"去掉所有疲疲沓沓的毛病";3. 不要将训练有素的文化与暴戾的纪律维护人混为一谈;4. 坚决遵守刺猬理念近乎坚守宗教信仰式地关注三环理论的中间环节。

另外,建立"戒律"和系统地清除任何无关事项也同等重要。在社会机构版的结语部分,柯林斯特别强调了卓越的"小气候"的问题。他提出了一个所谓的"斯托克代尔悖论":你既要抱有自己最终会取得伟大成就的信念,又要冷静面对现实的残酷环境。哪怕环境条件有多么不理想,你都要考虑今天该做什么,去创造卓越的小气候。他说,无论是什么机构,问题似的关键不是商业活动与社会事业的不同,而是卓越与平庸的差距。在同样困难的环境下,我们都可以创造出属于自己的小气候。

作为校长,我们应该记住:"卓越不是环境的结果,而是明智的选择和严格的要求所产生的结果。"因此,选择最好的人才("训练有素的人"),明确追求的目标并且考虑它的不可替代性("训练有素的思想"),坚持不懈地围绕一个方向努力("训练有素的行为"),这就是"训练有素的文化"的主要内涵,也是营造卓越小气候的关键。

善待孩子的神游

张冬青 / 北京日日新学堂创始人、校长

课堂上，老师喜欢那些跟随老师的学生，喜欢那些专注听讲的学生。对于那些总是发呆的、走神的学生真是既哀又怒。评价一个老师，也总是以能否掌控课堂、吸引全体学生注意力为好老师的标准。而那些脱离掌控的学生、不注意老师的学生就成了障碍。于是老师就要用尽解数挽救他们，成就自己。

家长们对于自己孩子的课堂神游也是焦虑万分，由于无计可施便期待老师能解决问题，会认同老师使用惩罚手段。如果老师解决不了会觉得老师无能或者不负责任。

总之，没有成人接受孩子在被成人教诲时走神。谁能理解一下他们呢？孩子为什么会走神？走神的内容是什么？走神就一定不好吗？

孩子都有自己的一个世界。成人也有自己的世界。区别是什么？孩子的世界里想象的东西多，成人的世界里经验的东西多；孩子的世界里情感的东西多，成人的世界里理智的东西多；孩子的世界是单纯的，成人的世界是复杂的；孩子世界里的价值取向是非功利的，成人世界里的价值取向是功利的。例如，在韩国电影《素媛》中，9 岁的素媛在做一道数学应用题，通过某某同学分糖的故事用除法计算平均数。素媛跟妈妈说她做不了这道题。妈妈听她读了题后直接告诉了她答案，孩子说知道怎么做，可是还是做不出这道题。不知道看电影的成人有多少人关注了这个情节？素媛说：如果是某某（她的同学兼邻居）有糖，他不会分给我们吃，他只会抢糖吃。所以这道题做不了。这就是孩子世界里的“现实”，应用数学题里的虚拟人物和数字都是抽象的，与孩子的生活无关，孩子会进行与真实生活的链接，于是生活中的情感纠葛就变成重要的了。成人会认为孩子是在瞎想，是不务正业，算出题得到分数是重要的，孩子怎么就总是想那些没用的事情呢？

如果抛弃功利主义，有什么是没用的呢？成人为什么不能去儿童的世界里做做客？理解儿童的心思与感受？那里有很多东西值得我们学习和羡慕，那里有治疗成人焦虑和疲惫的良药。

现在，很多父母营造圣诞老人送礼物的神话，愿意孩子一直相信这个神话，延长天真的时光。大人在享受扮演圣诞老人的快乐。但是在学习上，却希望孩子立刻脱蒙，进入高效学习的跑道。这岂不自相矛盾？

那是不是孩子走神我们就不用管了？也不是。学会专注地学习也很重要。孩子要长大，每长大一寸都要脱掉一件梦幻的衣裳，这也没有遗憾。我们理解儿童的世界，不意味着我们和儿童就一直待在那个世界里。成人的世界里有缺憾，但也可以美好无比。

在课堂上，老师应该了解孩子走神的原因。是因为专注力不够走神呢，还是因为课程的无趣走神？是因为孩子聪明一学就会所以走神呢，还是因为学不懂而走神？面对不同的走神就要用不同的方法对待。

在此，我并不论说方法，而是从认识角度阐释神游的意义。这个意义在于神游有助于孩子自我的形成。

借用弗洛伊德的理论，我们每个人都拥有三个世界：一个是超我的世界。这个世界里的自己是个社会人。第二个是自我的世界。这个世界里，自己是主体，但不是全部。第三个世界是本我的世界，这里只有自己。人的超我总是压抑本我，本我也会不断地挑战超我。把超我和本我调整和谐，需要自我的强大。

儿童的自我在形成过程中，并不强大。孩子还没有建立起超我，他的本我也在发育中。儿童的超我部分是成人帮助建立的，这个过程中，不是儿童自己的超我束缚本我，而是成人的意志在束缚或者纵容儿童的本我。成人的行为变得很关键，也最容易犯错误。而神游是儿童从本我出发认识世界，把认识的经验不断回味、反刍、延伸，逐渐形成自我。这时，儿童摆脱了成人的耳提面命，在想象的世界里自由探索。神游就是孩子自由探索的一个安全空间。

并不是这个安全空间越大越好，一个沉溺于神游的孩子要引起注意。实际上这种情况并不多。而需要警惕的是另一种情况，即成人不能用自己的意志把孩子完全占有、撑满，不给他这个空间。

也许理论上家长接受了尊重孩子神游的建议。但一遭遇学习，神游就成为祸害了。在应试教育一统的局面下，儿童不能按自然规律去学习。这时就需要家长的勇气和见识，为了孩子真正健康地成长而懂得选择和放弃。孩子是自己的，谁为孩子负最终的责任呢？